Esoterik

Herausgegeben von Gerhard Riemann

Dannion Brinkley war in spezieller Mission für die US-Armee tätig und u. a. an Killerkommandos im Vietnamkrieg beteiligt. Die Nah-Todeserfahrungen wandelten sein Leben von Grund auf. Heute hält er Vorträge, arbeitet mit Dr. Raymond Moody zusammen und leistet Sterbehilfe im Rahmen der Hospizbewegung.

Paul Perry ist Schriftsteller und hat selbst zahlreiche Fälle von Nah-Todeserfahrungen untersucht. Als Co-Autor verfaßte er zusammen mit Dr. Melvin Morse eine Dokumentation über die Auswirkungen von Nah-Todeserfahrungen (»Verwandelt vom Licht«, Knaur Tb 86046).

Von Paul Perry ist außerdem erschienen:

Verwandelt vom Licht (Band 86046)

Dieses Buch wurde auf chlor- und säurefreiem Papier gedruckt.

Deutsche Erstausgabe November 1994

Titel der Originalausgabe: Saved by the Light
Originalverlag: Villard Books New York, © 1994
Umschlaggestaltung: Peter F. Strauss
Satz: Ventura Publisher im Verlag
Druck und Bindung: Ebner Ulm
Printed in Germany
ISBN 3-426-86082-1

4 5 3

Dannion Brinkley
mit Paul Perry

Zurück ins Leben

Die wahre Geschichte des Mannes, der zweimal starb

Mit einem Vorwort von
Dr. Raymond Moody

Aus dem Amerikanischen von
Clemens Wilhelm

Knaur

Dieses Buch ist allen Ärzten, Krankenschwestern und Freiwilligen gewidmet, die die wichtige Aufgabe der Sterbebegleitung wahrnehmen.

Es ist weiterhin meinen Angehörigen gewidmet, den Brinkleys, und insbesondere Dr. Raymond Moody.

Inhalt

Einleitung

Ich hörte zum ersten Mal von Dannion Brinkley, als ich im Artikel einer Zeitung aus Augusta im Bundesstaat Georgia eine Meldung las, in der die Rede von einem jungen Mann aus einem kleinen Ort im nahe gelegenen South Carolina war, der beim Telefonieren von einem Blitz am Kopf getroffen wurde und nach einem Herzstillstand wie durch ein Wunder wiederbelebt werden konnte. Ich entnahm dem Artikel, daß er noch lebte, sich jedoch in einem sehr kritischen Zustand befand. Es klang eher so, als ob er nicht überleben würde.

Dies war im Jahre 1975, und mein Buch *Leben nach dem Tod* stand kurz vor der Veröffentlichung. Ich erinnere mich, daß ich mich damals fragte, ob er wohl eine Nah-Todeserfahrung gehabt hätte. Ich gab den Zeitungsartikel in einen Ordner und nahm mir vor, mich in nächster Zeit einmal nach seinem Zustand zu erkundigen und vielleicht sogar einmal bei ihm vorbeizuschauen, wenn er noch leben sollte.

Aber schließlich war er es, der zu mir kam.

Ich hielt an einem Gemeindecollege in South Carolina einen Vortrag über Nah-Todeserfahrungen und meine Studien über Menschen, die an der Schwelle des Todes solche tief spirituellen Erfahrungen hatten. Als am Ende des Vortrags noch Fragen gestellt werden konnten, hob

Dannion die Hand und berichtete über sein Erlebnis. Das Publikum war von seinem dramatischen Bericht wie gebannt. Er erzählte den Menschen im Saal, daß er aus seinem Körper ausgetreten sei, nachdem ihn der Blitz »getötet« hatte, und daß er in ein spirituelles Reich gereist sei, wo alles von Liebe durchdrungen ist und Wissen so leicht verfügbar ist wie die Luft. Während er erzählte, wurde mir plötzlich klar, daß er der junge Mann war, von dem ich in der Zeitung gelesen hatte.

Am Ende des Abends verabredete ich mich mit ihm zu einem Interview und besuchte ihn bei sich zu Hause, um mir alles ausführlich erzählen zu lassen. Bis heute ist Dannion Brinkleys Nah-Todeserfahrung eine der bemerkenswertesten, die mir je bekannt geworden sind. Er sah zweimal seinen eigenen Leichnam: als er ihn verließ und als er zurückkehrte. Dazwischen war er in einem geistigen Reich, das von gütigen und mächtigen Wesen bevölkert war, die ihm eine ausführliche Rückschau auf sein Leben zeigten und ihn seine Erfolge und Mißerfolge aus einer höheren Warte sehen ließen. Anschließend besuchte er eine wunderbare Stadt aus Kristall und Licht, und er saß bei den dreizehn Lichtwesen, die ihm Wissen vermittelten.

Am erstaunlichsten war die Art des Wissens, das sie ihm gewährten. Dannion sagte, daß er in Gegenwart dieser geistigen Wesen einen Blick in die Zukunft tun durfte.

Er erzählte mir alles, was er gesehen hatte. Aber ich hielt es für Unsinn, für die Phantastereien eines Menschen, den ein Blitz versengt hatte. So erzählte er mir zum Beispiel, daß 1989 die Sowjetunion zusammenbrechen und daß es dort zu Hungerunruhen kommen würde. Er erzählte mir sogar von einem großen Krieg in den Wüsten des Nahen Ostens, der sich daran entzünden würde, daß ein großes Land ein kleines überfiel. Den Lichtwesen zufolge sollten zwei Armeen aufeinanderprallen, und eine von ihnen sollte vernichtet werden. Dannion war sich ganz sicher, daß dieser Krieg 1990 stattfinden würde. Der Krieg, von dem er sprach, war, wie wir wissen, der Golfkrieg.

Wie ich schon sagte, hielt ich seine Vorhersagen für blanken Unsinn. Ich nickte nur und schrieb alles auf, was er sagte. Lange Zeit glaubte ich, daß sein Gehirn durch den Blitzschlag etwas in Mitleidenschaft gezogen sei, aber ich hatte mir vorgenommen, ihm gegenüber sehr nachsichtig zu sein. Ich sagte mir, daß wohl jeder nach einem solchen Unfall etwas eigenartig sein müsse.

Später war ich derjenige, der sich vorkam, wie wenn ihn der Blitz getroffen hätte, als ich nämlich feststellen mußte, daß die Dinge, die er mir erzählt hatte, eines nach dem anderen eintraten. Wie war so etwas möglich? Wie konnte eine Nah-Todeserfahrung die Fähigkeit verleihen, die Zukunft vorherzusehen? Ich wußte hierauf keine Antwort.

Nach unserem ersten Gespräch im Jahr 1976 wurden Dannion und ich enge Freunde. In diesen Jahren kam noch eine weitere Beobachtung hinzu, die mir das Gefühl gab, als ob ich selbst vom Blitz getroffen worden wäre: Dannion Brinkley kann Gedanken lesen!

Er demonstrierte mir dies mehrere Male. Er blickte mir einfach direkt in die Augen und enthüllte mir Dinge aus meinem ganz persönlichen Leben. Ich habe es sogar erlebt, daß er offensichtlich die Gedanken von Menschen

lesen konnte, die ihm völlig fremd waren; er sagte ihnen, welche Post sie an jenem Tag bekommen hatten, wer sie angerufen hatte und welches Verhältnis sie zu ihren Ehegatten, ihren Kindern und sogar zu sich selbst hatten.
Dabei handelt es sich keineswegs um vage Andeutungen. Seine Aussagen sind vielmehr äußerst präzise. Er kam einmal in das Klassenzimmer eines Colleges, an dem ich unterrichtete, und überraschte uns mit Einzelheiten aus dem Privatleben eines jeden einzelnen Schülers im Raum. Seine Aussagen waren so genau und treffend, daß die Anwesenden nach Luft schnappten und einigen seine Enthüllungen die Tränen in die Augen trieben. Ich muß betonen, daß er mit keinem einzigen der Anwesenden bis zu diesem Zeitpunkt jemals ein Wort gewechselt hatte. Sie waren ihm sämtlich unbekannt.
So oft habe ich erlebt, wie er die Gedanken ihm völlig fremder Menschen las, daß dies in meinem Leben schon beinahe etwas Alltägliches geworden ist. Ja, ich genieße mittlerweile jenen Augenblick der Offenbarung, wenn die Skepsis eines Menschen einer Verwunderung, dann einem großen Staunen weicht, wenn er erkennt, daß es hier jemanden gibt, der in seinen Gedanken wie in einem offenen Buch liest.
Wie ist es möglich, daß jemand mit einer Nah-Todeserfahrung plötzlich Gedanken lesen und die Zukunft vorhersagen kann?
In seinem Buch *Verwandelt vom Licht (Knaur Tb 86046)* berichtet Dr. Melvin Morse über eine von ihm durchgeführte Studie, der zufolge Menschen mit Nah-Todeserfahrungen (NTEs) nachprüfbar dreimal so viele psychische Erfahrungen haben wie Menschen ohne NTEs. De-

ren psychische Fähigkeiten sind zwar nicht so frappierend wie diejenigen Dannions, aber doch meßbar. Diese Studie bestätigt ähnliche Untersuchungen und liefert den Beweis dafür, daß tief spirituelle Erfahrungen außersinnliche Wahrnehmungen auslösen können.

Letztlich muß ich jedoch gestehen, daß Dannion Brinkley mir Rätsel aufgibt. Zugleich aber tröstet mich seine Geschichte irgendwie. Sie ist ein Rätsel, aber Rätsel wie dieses spornen uns an, nach Antworten zu suchen.

Dr. Raymond Moody

I
Mein erster Tod

Etwa fünf Minuten, bevor ich starb, hörte ich den rollenden Donner, als sich wieder einmal ein Gewitter über Charleston, South Carolina, zusammenzog. Draußen vor dem Fenster sah ich Blitze zischend über den Himmel fahren, bevor sie mit einem dumpfen Knall in die Erde einschlugen – »Geschützfeuer Gottes« hatte es jemand in meiner Familie einmal genannt. Im Laufe der Jahre hatte ich Dutzende von Geschichten gehört, wie Menschen und Tiere vom Blitz getroffen und getötet wurden. Die Gewittergeschichten, die mein Großonkel abends erzählte, wenn Unwetter heraufzogen und Blitze den Raum in ein blendendes Licht tauchten, waren mir so unheimlich wie Gespenstergeschichten. Diese Gewitterangst war mir immer geblieben. Auch an diesem Abend des 17. September 1975 wollte ich, damals 25 Jahre alt, möglichst schnell den Hörer auflegen, um »einen Anruf von Gott« zu vermeiden. (Ich glaube, es war ebenfalls mein Großonkel, der immer sagte: »Wenn du einen Telefonanruf von Gott bekommst, dann wirst du zum brennenden Dornbusch«, aber ich bin mir sicher, daß er es als Scherz gemeint hatte.)

»Hör zu, Tommy, ich muß aufhören, hier zieht ein Gewitter auf.«

»Ja und?« sagte er.

Ich war seit einigen Tagen von einer Reise nach Südamerika zurück, und ich hatte mich ans Telefon gehängt. Ich arbeitete für die Regierung und hatte verschiedene Nebeneinkünfte aus eigener Geschäftstätigkeit. Ich besaß mehrere Häuser, die ich vermietete, ich kaufte und reparierte alte Autos, half im Lebensmittelgeschäft meiner Familie und war dabei, eine Firma zu gründen. Draußen strömte der Regen, und ich wollte jetzt diesen letzten Anruf an einen Geschäftspartner beenden.

»Tommy, ich muß aufhören. Meine Mutter sagte immer, daß man bei einem Gewitter nicht telefonieren soll.«

Das nächste, was ich hörte, war ein Güterzug, der mit Lichtgeschwindigkeit in mein Ohr raste. Strom schoß durch meinen Körper, und jede einzelne seiner Zellen fühlte sich an, wie wenn sie in Batteriesäure getaucht wäre. Die Nägel in meinen Schuhen verschweißten sich mit den Nägeln im Fußboden, so daß ich aus den Schuhen gerissen wurde, als mich eine Riesenfaust in die Luft schleuderte. Ich sah die Decke vor meinem Gesicht, und einen Augenblick lang konnte ich nicht begreifen, welche Macht einen solchen sengenden Schmerz verursachen und mich in ihrem eisernen Griff halten konnte, während ich über meinem Bett baumelte. Was nur einen Sekundenbruchteil gedauert haben konnte, erschien mir wie eine Stunde.

Irgendwo unten in der Diele hatte meine Frau Sandy gerufen: »Das war knapp«, als sie den Donner hörte. Ich hörte aber nicht mehr, daß sie dies sagte; dies erfuhr ich erst viel später. Ich sah auch nicht den entsetzten Blick auf ihrem Gesicht, als sie mich in der Luft hängen sah. Einen Augenblick lang sah ich nichts als den Putz an der Decke.

Dann ging ich in eine andere Welt.
Nach dem ungeheuren Schmerz war ich nun plötzlich in Frieden und Stille eingehüllt. Es war eine Empfindung, wie ich sie weder vorher noch nachher jemals wieder verspürt habe. Ich war wie in eine unermeßliche Gelassenheit getaucht. Der Ort, an den ich ging, war von einem tiefen Blau und Grau durchflutet, und hier konnte ich mich einen Augenblick entspannen und mich fragen, was mir soeben einen so furchtbaren Schlag versetzt hatte. War ein Flugzeug in mein Haus gerast, waren Atombomben auf unser Land gefallen? Ich konnte mir nicht vorstellen, was geschehen war, aber selbst in diesem Augenblick des Friedens wollte ich wissen, wo ich war.
Ich wollte mich umsehen und drehte mich in der Luft. Unter mir lag mein Körper, auf das Bett hingeschleudert. Meine Schuhe qualmten, und der Telefonhörer lag zerschmolzen in meiner Hand. Ich konnte sehen, wie Sandy in das Zimmer stürzte. Sie beugte sich über das Bett und betrachtete mich mit einem benommenen Ausdruck, wie ihn vielleicht Eltern haben, die ihr Kind mit dem Gesicht nach unten in einem Swimmingpool treiben sehen. Sie zitterte einen Augenblick und machte sich dann an die Arbeit. Sie hatte vor kurzem einen Wiederbelebungskurs gemacht und wußte genau, was sie zu tun hatte. Zunächst machte sie meinen Rachen frei und zog meine Zunge zur Seite; dann überstreckte sie meinen Kopf nach hinten und beatmete mich über den Mund. Ein-zwei-drei Atemzüge; dann nahm sie einen Grätschsitz über meinem Bauch ein und begann, rhythmisch gegen meine Brust zu drücken. Sie drückte so fest, daß sie bei jeder Abwärtsbewegung einen grunzenden Laut ausstieß.

Ich muß tot sein, dachte ich. Ich spürte nichts, weil ich nicht in meinem Körper war. Ich war Zuschauer bei meinen letzten Augenblicken auf der Erde, und ich beobachtete meinen eigenen Tod mit ebensolchem leidenschaftslosen Interesse, wie wenn ihn Schauspieler im Fernsehen darstellen würden. Mir tat Sandy leid, und ich spürte ihre Angst und ihren Schmerz, während ich für denjenigen, der auf dem Bett lag, nichts empfand. Ich erinnere mich an einen Gedanken, der zeigt, wie weit ich von jeglichem Schmerz entfernt war: Während ich den Mann auf dem Bett betrachtete, dachte ich: *Ich glaubte eigentlich, daß ich besser aussähe.*

Die Herzmassage muß gewirkt haben, denn plötzlich war ich wieder in meinem Körper. Über mir spürte ich, wie Sandy meine Brust bearbeitete. Normalerweise müßte ein solcher knochenbrecherischer Druck weh tun, aber ich spürte nichts. Der Strom war durch meinen Körper gegangen, und jeder Punkt meines Körpers fühlte sich an, wie wenn er von innen nach außen verbrannt wäre. Ich begann zu stöhnen, aber nur deshalb, weil ich zu schwach war, um zu schreien.

Innerhalb von zehn Minuten war Tommy zur Stelle. Er wußte, daß etwas passiert sein mußte, denn er hatte den Knall am Telefon gehört. Er war bei der Marine gewesen, weshalb ihm Sandy jetzt alles überließ. Er wickelte mich in eine Decke und sagte ihr, sie solle den Notarzt rufen. »Wir werden tun, was wir können«, sagte er, während er die Hand auf meine Brust legte.

Aber inzwischen hatte ich meinen Körper wieder verlassen, und ich sah zu, wie Tommy mich hielt und über die Langsamheit der Ambulanz fluchte, die wir in der Ferne

sich nähern hörten. Ich schwebte über den dreien, Sandy, Tommy und mir selbst, während die Sanitäter mich auf die Bahre hoben und zum Notarztwagen trugen.
Aus meiner Position, etwa fünf Meter über dem Geschehen, konnte ich sehen, wie strömender Regen auf mein Gesicht prasselte und den Rücken der Sanitäter durchnäßte. Sandy weinte, und sie tat mir leid. Tommy sprach ruhig mit den Sanitätern. Sie schoben mich in den Notarztwagen, schlossen die Türen und fuhren los.
Ich betrachtete das Ganze aus der Perspektive einer Fernsehkamera. Ohne jede Regung sah ich zu, wie der Mann auf der Bahre sich jetzt krümmte und aufbäumte. Sandy preßte sich gegen die Seite des Krankenwagens und wandte sich entsetzt von dem Anblick ab, wie der Mann, den sie liebte, sich in Krämpfen wand. Der Sanitäter injizierte etwas in den Körper und hoffte, daß dies etwas nützen würde, aber nach einigen Sekunden schmerzhafter Krämpfe hörten die Bewegungen des Mannes auf der Bahre auf. Der Sanitäter setzte ein Stethoskop auf die Brust und seufzte.
»Er ist tot«, sagte er zu Sandy. »Er ist tot.«
Plötzlich wurde mir bewußt: Der Mann auf der Bahre war ich! Ich sah zu, wie der Sanitäter ein Laken über mein Gesicht zog und sich setzte. Der Krankenwagen fuhr mit unverminderter Geschwindigkeit weiter, und der Sanitäter vorne im Wagen war noch in Funkverbindung mit dem Krankenhaus und versuchte zu klären, ob die Ärzte noch irgendwelche Anweisungen hätten. Aber der Mann auf der Bahre war eindeutig tot.
»Ich bin tot!« dachte ich. Ich war nicht in meinem Körper, und ich kann nur sagen, daß ich dies auch nicht wollte.

Wenn ich überhaupt etwas dachte, dann nur, daß derjenige, der ich war, nichts mit jenem Leichnam zu tun hatte, der soeben mit einem Laken zugedeckt worden war. Sandy schluchzte und tätschelte mein Bein. Tommy war wie gelähmt und fassungslos, wie plötzlich alles geschehen war. Der Sanitäter betrachtete nur den Leichnam und hatte das elende Gefühl, versagt zu haben.
»Nimm's nicht so tragisch, Junge«, dachte ich. »Du kannst ja nichts dafür.«
Ich blickte nach vorne zum Krankenwagen an eine Stelle über meinem Leichnam. Dort bildete sich ein Tunnel, der sich wie das Auge eines Wirbelsturms öffnete und auf mich zukam.
»Dies scheint ein interessanter Ort zu sein«, dachte ich. Und dann zog es mich fort.

2
Der Tunnel zur Ewigkeit

Ich selbst bewegte mich eigentlich nicht. Der Tunnel kam auf mich zu.

Er näherte sich mir in einer schraubenförmigen Bewegung und zog mich in sich, und ich hörte den Klang eines Glockenspiels. Bald sah ich keine weinende Sandy mehr, keine Sanitäter, die sich mit meinem Körper abmühten, keine verzweifelten Funkgespräche mit dem Krankenhaus mehr, nur einen Tunnel, der mich völlig einhüllte und den unsäglich schönen Klang von sieben Glockenspielen, die in rhythmischer Aufeinanderfolge ertönten.

Ich blickte vorwärts in die Dunkelheit. Dort war ein Licht, und ich bewegte mich, so schnell es ging, auf dieses Licht zu. Ich bewegte mich, ohne meine Beine zu gebrauchen, mit hoher Geschwindigkeit. Das Licht vor mir wurde heller und heller, bis es die Dunkelheit überstrahlte und ich schließlich in einem Paradies strahlenden Lichts stand. Dies war das hellste Licht, das ich jemals gesehen hatte, und doch tat es meinen Augen überhaupt nicht weh. Im Gegensatz zu dem Schmerz, den man empfindet, wenn man aus einem dunklen Raum in das Sonnenlicht tritt, tat dieses Licht meinen Augen gut.

Ich blickte nach rechts und sah, wie eine silberne Gestalt wie eine Silhouette aus einem Nebel auftauchte. Als sie sich näherte, empfand ich eine intensive Liebe, die alle Bedeutungen des Wortes umfaßte. Es war, wie wenn ich eine geliebte Frau, eine Mutter und einen besten Freund in tausendfacher Vervielfältigung sehen würde. Als das Lichtwesen näher kam, wurden diese Liebesempfindungen so intensiv, daß sie fast unerträglich waren. Ich hatte das Gefühl, als ob sich meine Dichte auflösen würde, wie wenn ich zehn oder fünfzehn Kilogramm leichter geworden wäre. Die Last meines Körpers war zurückgeblieben, und ich war jetzt ein von allem losgelöster Geist.

Ich betrachtete meine Hand. Sie war durchscheinend und glänzend und bewegte sich in flüssigen Bewegungen wie das Wasser im Meer. Ich schaute auf meine Brust. Auch sie hatte das Durchscheinende und Fließende zarter Seide in einem leichten Windhauch.

Das Lichtwesen stand unmittelbar vor mir. Es trug keine bestimmten Züge. Während ich in seine Essenz blickte, sah ich Farbprismen, wie wenn es aus tausend winzigen Diamanten bestünde, von denen jeder einzelne das Licht des Regenbogens aussandte.

Ich sah mich um. Unter uns waren andere Wesen, die mir ähnlich waren. Sie schienen in einer unerfreulichen Lage zu sein und sandten ihre Strahlung viel weniger rasch aus als ich. Während ich sie beobachtete, bemerkte ich, daß auch mein Strahlen langsamer wurde. Dieses Nachlassen des Strahlens war unangenehm, und ich blickte weg.

Ich sah nach oben. Dort waren weitere Wesen, die heller und strahlender waren als ich. Auch ihr Anblick machte mich unbehaglich, weil ich schneller zu vibrieren begann. Es war, wie wenn ich zuviel Kaffee getrunken hätte und jetzt beschleunigen und mich zu schnell bewegen würde.

Ich blickte von ihnen weg und vor mich auf das Lichtwesen, das jetzt vor mir stand. Seine Gegenwart war mir angenehm; ich hatte eine Empfindung der Vertrautheit, das Gefühl, daß dieses Wesen jegliche Empfindung, die ich jemals gehabt hatte, mit verspürt hatte, von meinem ersten Atemzug bis zu dem Blitzschlag. Als ich dieses Wesen anblickte, hatte ich die Empfindung, daß niemand mich mehr lieben könnte, daß niemand mehr Empathie, Sympathie, Aufmunterung und nicht urteilendes Mitgefühl für mich haben könnte als dieses Wesen.
Auch wenn ich von diesem Lichtwesen als von »ihm« spreche, war es für mich niemals männlich oder weiblich. Ich bin diese erste Begegnung immer wieder in meinem Kopf durchgegangen und kann mit Sicherheit sagen, daß keines der Wesen, denen ich begegnete, ein Geschlecht gehabt hat; was sie hatten, war große Macht.
Das Lichtwesen hüllte mich ein, und in diesem Augenblick begann mein ganzes Leben an mir vorüberzuziehen. Ich fühlte und sah alles, was mir jemals begegnet war. Es war, wie wenn ein Damm gebrochen wäre und alle Erinnerungen, die in meinem Gehirn gespeichert waren, sich ergießen würden.
Diese Rückschau auf mein Leben war nicht angenehm. Von Anfang bis Ende war ich mit der unerträglichen Tatsache konfrontiert, daß ich ein unangenehmer Zeitgenosse gewesen war, ein egoistischer und böser Mensch. Das erste, was ich sah, war meine aggressive Kindheit. Ich sah mich selbst, wie ich andere Kinder quälte, ihre Fahrräder stahl und ihnen die Schule zur Hölle machte. Eine der lebhaftesten Szenen war, wie ich auf der Grundschule ein Kind hänselte, weil es einen Kropf hatte. Die anderen

Kinder in meiner Klasse hänselten es ebenfalls, aber ich war der Schlimmste. Damals hielt ich mich für sehr witzig. Als ich aber dies wiedererlebte, war ich in *seinem Körper* und verspürte den Schmerz, den ich ihm zufügte. Diese Perspektive setzte sich durch alle negativen Ereignisse in meiner Kindheit fort, und dies waren nicht wenige. Von der fünften bis zur zwölften Klasse hatte ich wohl mindestens 6000 Schlägereien. Als ich jetzt mein Leben im Schoße des Wesens an mir vorüberziehen sah, erlebte ich jede einzelne dieser Auseinandersetzungen wieder, jedoch mit einem großen Unterschied: Ich war derjenige, der die Prügel bezog.

Ich war das Opfer nicht in dem Sinne, daß ich die Schläge verspürte, die ich ausgeteilt hatte. Aber ich spürte die Angst und die Demütigung, die meine Gegner empfanden. Viele derjenigen, mit denen ich mich prügelte, hatten es irgendwie schon darauf angelegt, während andere unschuldige Opfer meiner Aggression waren. Jetzt mußte ich ihre Schmerzen spüren.

Ich spürte auch den Kummer, den ich meinen Eltern verursachte. Ich war nicht zu bändigen und war darauf auch noch stolz. Sie bestraften mich und schrien mich an, aber ich ließ sie spüren, daß ihre Maßnahmen bei mir nichts fruchteten. Immer wieder versuchten sie es mit mir im guten, und immer wieder erlebten sie eine Enttäuschung. Oft brüstete ich mich vor meinen Freunden damit, wie ich meinen Eltern weh getan hatte. In meiner Lebensrückschau verspürte ich jetzt ihren seelischen Schmerz über ihr ungezogenes Kind.

In meiner Grundschule in South Carolina gab es ein Strafpunktesystem. Wenn ein Schüler fünfzehn Strafpunkte hatte, wurden die Eltern zu einem Gespräch bestellt; bei dreißig Strafpunkten mußte man zu Hause bleiben. In der siebten Klasse hatte ich es am dritten Schultag auf 154 Strafpunkte gebracht. So war ich in der Schule. Heute nennt man solche Schüler »hyperaktiv« und geht mit ihnen zum Arzt. Damals waren wir einfach »mißraten«, und wir galten als hoffnungslose Fälle.

Als ich in der vierten Klasse war, paßte mich ein rothaariger Junge namens Curt jeden Tag vor der Schule ab und drohte mir Schläge an, wenn ich ihm nicht mein Essensgeld geben würde. Ich hatte Angst und gab ihm das Geld. Schließlich war ich es leid, keinen Tag etwas zu essen zu haben, und erzählte die Geschichte meinem Vater. Er zeigte mir, wie man aus den Nylonstrümpfen meiner Mutter einen Totschläger machen konnte, indem man sie mit Sand auffüllte und die Enden verknotete. »Wenn er dich wieder einmal belästigt, verpaßt du ihm eins mit dem Totschläger«, sagte er zu mir.

Mein Vater dachte sich nichts dabei – er zeigte mir einfach, wie ich mir ältere Kinder vom Leib halten könnte. Das Problem war nur, daß ich Geschmack am Raufen bekam, nachdem ich Curt niedergeschlagen und ihm sein Geld abgenommen hatte. Von da an wollte ich nichts als anderen Schmerz zufügen und ein harter Bursche sein.

In der fünften Klasse machte ich bei meinen Freunden eine Umfrage, wer für sie der härteste Bursche in der Nachbarschaft sei. Sie waren sich einig, daß dies ein stämmiger Bursche namens Butch sei. Ich ging zu seiner Wohnung und klopfte an die Tür. »Ist Butch da?« fragte ich seine Mutter. Als er zur Tür herauskam, schlug ich ihn zusammen, bis er vom Treppenabsatz fiel, und lief dann fort.

Es war mir gleichgültig, mit wem ich mich prügelte oder wie groß oder wie alt die Gegner waren. Ich wollte nichts als Blut sehen.

In der sechsten Klasse bat mich einmal eine Lehrerin, mit dem Stören aufzuhören. Als ich nicht darauf reagierte, nahm sie mich am Arm und wollte mich zum Zimmer des Rektors ziehen. Als wir aus dem Klassenzimmer hinausgingen, riß ich mich los und schlug sie mit einem Kinnhaken zu Boden. Während sie sich die blutende Nase hielt, ging ich selbst in das Zimmer des Rektors. Später erklärte ich meinen Eltern, daß es mir nichts ausmachte, zum Rektor zu gehen, nur wollte ich nicht von einer Lehrerin dorthin gezogen werden.

Wir wohnten gleich neben dem Gymnasium, das ich besuchte, und wenn ich wieder einmal zu Hause bleiben mußte, konnte ich auf der Veranda sitzen und den Kindern auf dem Schulhof zusehen. Eines Tages saß ich dort, als eine Gruppe Mädchen an den Zaun kam und sich über mich lustig machte. Das wollte ich mir nicht bieten lassen. Ich ging in das Haus, holte das Gewehr meines Bruders und lud es mit Steinsalz. Dann ging ich damit hinaus und schoß den Mädchen in den Rücken, so daß sie schreiend davonrannten.

Mit siebzehn galt ich als einer der besten Kämpfer meiner Schule. Ich prügelte mich fast jeden Tag, um meinen Ruf zu pflegen. Wenn ich niemand in meiner eigenen Schule fand, mit dem ich mich anlegen konnte, nahm ich mir die bösen Buben anderer Schulen vor.

Mindestens einmal pro Woche hatten wir Schaukämpfe auf einem Parkplatz in der Nähe der Schule. Die Schüler fuhren bis zu fünfzig Kilometer weit, um bei diesen

Kämpfen dabeizusein. An den Tagen, an denen ich kämpfte, wagten sich viele nicht aus ihren Autos, denn nachdem ich meinen Gegner verprügelt hatte, nahm ich mir einfach zum Spaß manchmal noch einige Zuschauer vor.

In jener Zeit herrschte an den Schulen noch die Rassentrennung, und es gab große Schlachten zwischen Schwarzen und Weißen.

Der Champion der Schwarzen war ein Riese namens Lundy. Niemand wollte mit ihm kämpfen, nachdem er den weißen Champion in einem zweiminütigen Kampf fürchterlich verprügelt hatte. Selbst ich ging ihm aus dem Weg, weil ich wußte, daß ich gegen ihn keine Chance hatte.

Eines Tages begegneten wir einander zufällig an einer Hamburgerbude. Ich wollte mich rasch verdrücken, aber er versperrte mir den Weg.

»Komm morgen zum Parkplatz«, sagte er.

»Ich werde dasein«, versprach ich.

Als er sich zum Gehen umdrehte, schlug ich ihm mit solcher Kraft rechts ins Gesicht, daß er seine Augen nicht mehr öffnen konnte. Als er sich am Boden krümmte, ging ich um ihn herum und trat ihn mehrmals mit voller Kraft in die Brust.

»Ich kann morgen nicht«, sagte ich. »Deshalb wollte ich es gleich heute erledigen.«

Ich wußte, daß ich ihm in einem fairen Kampf nicht gewachsen war, weshalb ich ihn anfiel, als er mir den Rücken zuwandte.

So sah meine Gymnasiumszeit aus.

Zwanzig Jahre später nahm ein Schulkamerad auf einem

Klassentreffen meine Freundin beiseite, um ihr zu sagen, was ich für ein Schüler war.
»Ich will dir sagen, wofür er berüchtigt war«, sagte er. »Er schlug dich zusammen, nahm dir deine Freundin weg oder beides.«
In der Rückschau konnte ich ihm nur recht geben. Als ich vom Gymnasium abging, war ich genau dieser Typ. Als ich bei meinem Lebensrückblick an diesem Punkt angelangt war, schämte ich mich. Jetzt wußte ich, welchen Schmerz ich allen Menschen in meinem Leben zugefügt hatte. Als mein Leichnam auf jener Bahre lag, erlebte ich jeden einzelnen Augenblick meines Lebens nochmals, meine Gefühle, Einstellungen und Motivationen.

Es war erstaunlich, wie tiefe Gefühlsbewegungen ich bei diesem Lebensrückblick erlebte. Ich spürte nicht nur, wie ich und der andere bei den jeweiligen Ereignissen fühlten, sondern ich fühlte auch die Empfindungen des nächsten Menschen, der hierauf reagierte. Ich stand in einer Kettenreaktion von Gefühlen, die mir zeigte, wie tief wir einander beeinflussen. Zum Glück war nicht alles schlecht.
Einmal z. B. waren mein Großonkel und ich auf der Straße unterwegs, als wir einen Mann sahen, der eine Ziege schlug, der irgendwie ihren Kopf in einen Zaun eingeklemmt hatte. Der Mann hatte einen Ast und schlug mit aller Kraft auf die Ziege ein, die vor Angst und Qual blökte. Ich hielt an und sprang über einen Graben. Bevor der Mann sich noch umdrehen konnte, schlug ich ihn mit aller Kraft auf den Hinterkopf. Ich hörte die Ziege, als mein Großonkel mich wegzog. Dann befreite ich die Ziege, und wir fuhren mit qualmenden Reifen davon.

Als ich dieses Ereignis wiedererlebte, empfand ich Befriedigung über die Demütigung, die der Bauer erfahren hatte, und Freude über die Erleichterung, die die Ziege verspürt hatte. Ich wußte, daß das Tier auf seine Weise »Danke« gesagt hatte.

Aber ich selbst war nicht immer gut zu Tieren. Ich sah, wie ich einen Hund mit einem Gürtel schlug. Ich hatte ihn dabei erwischt, wie er an unserem Wohnzimmerteppich knabberte, und hatte die Beherrschung verloren. Ich nahm meinen Gürtel ab und schlug ihn, ohne es mit einer maßvolleren Züchtigung zu versuchen. Als ich dieses Ereignis wiedererlebte, spürte ich, daß der Hund mich liebte, und ich begriff, daß er nichts Böses tun wollte. Ich fühlte seinen Kummer und seinen Schmerz.

Als ich später über diese Erfahrungen nachdachte, wurde mir klar, daß Menschen, die Tiere schlagen oder grausam zu ihnen sind, es bei ihrer Lebensrückschau selbst werden erleben müssen, was diese Tiere empfinden.

Ich entdeckte auch, daß es nicht so sehr darauf ankommt, was man tut, sondern warum man es tut. So schmerzte mich zum Beispiel eine grundlose Schlägerei mit jemandem in meiner Lebensrückschau viel mehr als Kämpfe mit jemandem, der sich mit mir angelegt hatte. Es wiederzuerleben, daß man jemandem nur zum Spaß Schmerz zufügte, ist das Allerschmerzhafteste. Es wiederzuerleben, daß man jemandem Schmerz zufügte, weil man einen Grund hierfür zu haben glaubte, ist weniger schmerzhaft. Dies wurde mir deutlicher, als mich meine Rückschau zu meinen Jahren beim Militär und Nachrichtendienst führte.

Innerhalb einiger Sekunden durchlief ich die Grundaus-

bildung, in der ich lernte, meine Aggressionen in die neue Rolle als Soldat zu kanalisieren. Ich ging weiter durch die Spezialausbildung und beobachtete und fühlte, wie mein Charakter für das Handwerk des Tötens geformt wurde. Es war die Zeit des Vietnamkriegs, und ich fand mich im stickig heißen Dschungel Südostasiens wieder, wo ich das tat, was ich am liebsten tat: kämpfen.
Ich war nicht sehr lange in Vietnam. Ich gehörte zu einer Geheimdiensteinheit, die hauptsächlich in Laos und Kambodscha operierte. Zu meinen Aufgaben zählte unter anderem die Feindbeobachtung, was wenig mehr beinhaltete, als feindliche Truppenbewegungen durch das Fernglas zu beobachten. Meine Hauptaufgabe war jedoch »Planung und Ausführung der Eliminierung feindlicher Politiker und Militärs«. Ich fungierte, kurz gesagt, als Killer aus dem Hinterhalt.
Ich arbeitete nicht allein. Zwei weitere Marines durchstreiften mit mir den Dschungel auf der Suche nach geeigneten Zielen. Ihre Aufgabe bestand darin, das Ziel mit Hochleistungsfernrohren ausfindig zu machen und sich dann zu vergewissern, daß der Gewünschte eliminiert worden war. Meine Aufgabe bestand darin, abzudrücken.
Einmal wurden wir zum Beispiel ausgeschickt, einen nordvietnamesischen Oberst zu beseitigen, der mit seinen Soldaten im Dschungel Kambodschas war. Wir hatten Luftaufnahmen, auf denen zu erkennen war, wo sich der Oberst aufhielt. Unsere Aufgabe war es, durch den Dschungel zu marschieren und ihn ausfindig zu machen. Solche Aktionen waren sehr zeitaufwendig, aber sie galten als wichtig, weil wir die Moral der feindlichen Solda-

ten träfen, wenn wir ihren Anführer mitten unter ihnen töteten.

Wir fanden den Oberst genau dort, wo ihn die Aufnahmen gezeigt hatten. Wir saßen ruhig etwa 700 Meter vom feindlichen Lager entfernt und warteten auf den günstigsten Augenblick, um ihn zu »erledigen«.

Dieser Augenblick kam früh am nächsten Morgen, als sich die Soldaten zum Appell aufstellten. Ich ging in Position und richtete das Fadenkreuz meines Präzisionsgewehrs auf den Kopf des Obersten, der vor den ahnungslosen Soldaten stand.

»Ist er das?« fragte ich den Aufklärer, dessen Aufgabe es war, die Ziele anhand der Photographien zu identifizieren, die uns der Geheimdienst gegeben hatte.

»Das ist er«, sagte er. »Es ist der Mann, der vor den Soldaten steht.«

Ich lud durch und spürte, wie es am Gewehr einen kleinen Ruck gab. Einen Augenblick später sah ich, wie sein Kopf zerplatzte und sein Körper vor den entsetzten Soldaten zusammensackte.

So sah ich es damals, als es geschah.

Während meiner Lebensrückschau erlebte ich dies aus der Perspektive des nordvietnamesischen Obersten. Ich spürte nicht den Schmerz, den er empfunden haben mußte. Ich spürte aber seine Verwirrung darüber, daß sein Kopf weggeschossen war und seine Trauer, als er seinen Körper verließ und erkennen mußte, daß er nicht mehr nach Hause zurückkehren würde. Dann spürte ich die restlichen Kettenreaktionen – die Trauer seiner Familie, die jetzt ohne ihren Ernährer auskommen mußte.

Ich erlebte alle meine Exekutionen in genau dieser Weise.

Ich sah, wie ich tötete, und spürte dann die furchtbaren Folgen.
In Südostasien habe ich es erlebt, daß Frauen und Kinder grundlos oder aus den falschen Gründen ermordet und ganze Dörfer ausgelöscht wurden. Diese Morde ließen mich unbeteiligt, aber ich mußte sie jetzt wiedererleben, und zwar nicht aus der Sicht des Mörders, sondern der Ermordeten.
Bei einer Gelegenheit wurde ich zum Beispiel in ein Nachbarland Vietnams geschickt, um einen Regierungsbeamten zu töten, der nicht die »amerikanische Auffassung« teilte. Ich begab mich mit einer Gruppe dorthin. Unsere Aufgabe war es, diesen Mann in einem kleinen Hotel auf dem Lande zu töten, in dem er sich aufhielt. Dies sollte ohne Worte deutlich machen, daß niemand dem Arm der Regierung der Vereinigten Staaten entgehen könne.
Wir saßen vier Tage im Dschungel und warteten auf eine günstige Schußgelegenheit, war doch der Beamte stets von einem ganzen Gefolge von Leibwächtern und Sekretären umgeben. Schließlich gaben wir es auf und überlegten uns einen anderen Weg: Wir wollten nachts, wenn alles schlief, Sprengstoff anbringen und das ganze Hotel in die Luft jagen.
Dies taten wir dann auch. Wir befestigten rings um das Gebäude Plastiksprengstoff und sprengten es bei Sonnenaufgang, wobei der Beamte und etwa fünfzig weitere Menschen ums Leben kamen, die sich dort aufhielten. Damals lachte ich darüber und sagte meinem Führungsoffizier, daß alle diese Menschen nach dem Grundsatz »mit gefangen, mit gehangen« den Tod verdient gehabt hätten.

Auch dieses Ereignis erlebte ich bei meiner Nah-Todeserfahrung wieder, doch stürmte diesmal eine Flut von Gefühlen und Informationen auf mich ein. Ich empfand das blanke Entsetzen, das alle diese Menschen verspürten, als ihnen klar wurde, daß ihr Leben ausgelöscht wurde. Ich erlebte den Schmerz, den ihre Angehörigen empfanden, als sie die Nachricht bekamen, daß ihnen nahestehende und geliebte Menschen in dieser tragischen Weise geraubt worden waren. In vielen Fällen verspürte ich sogar den Verlust, den ihr Fehlen für künftige Generationen bedeutete.
Insgesamt war ich für den Tod von Dutzenden von Menschen in Südostasien mitverantwortlich, und es war schwer erträglich, dies alles nochmals erleben zu müssen. Das einzige, was mich rettete, war, daß ich damals überzeugt war, richtig zu handeln. Ich tötete im Namen des Vaterlandes, und dies machte die grauenvollen Taten, die ich begangen hatte, wenigstens etwas erträglicher.
Als ich nach meinem Militärdienst in die Vereinigten Staaten zurückkehrte, arbeitete ich weiter für die Regierung und führte Geheimaufträge aus. Dabei ging es meist um den Transport von Waffen an Empfänger und in Länder, die den Vereinigten Staaten freundlich gesinnt waren. Manchmal war es auch meine Aufgabe, diese Menschen in der feinen Kunst des Mordens aus dem Hinterhalt oder von Anschlägen auf Bauwerke auszubilden.
In der Lebensrückschau mußte ich jetzt all den Tod und die Zerstörung sehen, die ich durch meine Handlungen angerichtet hatte. »Wir alle sind ein Glied in der großen Kette der Menschheit«, sagte das Wesen zu mir. »Was

man tut, wirkt sich auf die anderen Glieder in dieser Kette aus.«
Viele weitere Szenen dieser Art tauchten vor mir auf, wobei jedoch eine noch besonders herausragte. Ich sah, wie ich in einem mittelamerikanischen Land Waffen auslud. Sie sollten in einem von unserem Land unterstützten Krieg gegen die Sowjetunion Verwendung finden.
Meine Aufgabe bestand lediglich darin, diese Waffen von einem Flugzeug zu unseren militärischen Verbündeten in dieser Gegend zu bringen. Als dieser Transport abgeschlossen war, kehrte ich zum Flugzeug zurück, und die Sache war für mich erledigt.
Aber eben dies war bei meiner Lebensrückschau nicht so einfach. Ich blieb jetzt bei den Waffen und sah zu, wie sie in einem militärischen Aufmarschgebiet verteilt wurden. Dann war ich dabei, wie die Waffen zum Töten benutzt wurden und manchmal Unschuldige, manchmal weniger Unschuldige mordeten. Es war furchtbar, Zeuge der Folgen meiner Rolle in diesem Krieg zu sein.
Dieser Waffentransport nach Mittelamerika war die letzte Aufgabe, die ich ausführte, bevor mich der Blitz traf. Ich erinnere mich, daß ich dabei war, wie Kinder weinten, weil man ihnen sagte, daß ihr Vater tot sei, und ich wußte, daß für ihren Tod die Waffen verantwortlich waren, die ich geliefert hatte.
Damit endete die Rückschau.

Nach der Rückschau kam eine Phase der Reflexion, in der ich dasjenige betrachtete, was ich soeben erlebt hatte, und eine Schlußfolgerung ziehen konnte. Ich war beschämt. Ich erkannte, daß ich ein sehr selbstsüchtiges Leben ge-

führt und mich kaum einmal bemüht hatte, jemandem behilflich zu sein. Praktisch nie hatte ich als Akt der Nächstenliebe einmal gelächelt oder einem Menschen einen Geldschein zugesteckt, weil es ihm nicht gut ging und er eine Aufmunterung brauchte. Nie, ich hatte für mich und nur für mich gelebt. Meine Mitmenschen waren mir völlig gleichgültig gewesen.
Ich betrachtete das Lichtwesen und war von tiefer Trauer und Scham erfüllt. Ich erwartete einen Tadel, eine Art kosmischer Erschütterung meiner Seele. Ich hatte Rückschau auf mein Leben gehalten, und derjenige, den ich gesehen hatte, war ein ganz und gar wertloser Mensch. Was hatte ich verdient, wenn nicht Tadel?
Als ich zu dem Lichtwesen hinblickte, hatte ich eine Empfindung, wie wenn es mich berühren würde. Durch diese Berührung durchströmte mich eine Liebe und Freude, die man nur mit der gütigen Zuneigung vergleichen kann, die ein Großvater für sein Enkelkind empfindet. »Wer du bist, ist der Unterschied, den Gott ausmacht«, sagte das Wesen. »Und dieser Unterschied ist Liebe.« Es wurde nicht wirklich gesprochen, sondern dieser Gedanke wurde mir durch irgendeine Form von Telepathie mitgeteilt. Bis heute ist mir die genaue Bedeutung dieses dunklen Satzes nicht ganz klar. Aber er wurde so gesprochen.
Wiederum wurde mir eine Zeit des Nachdenkens gegeben. Wieviel Liebe hatte ich anderen geschenkt? Die Rückschau, die ich soeben erlebt hatte, hatte mir deutlich gemacht, daß es für jedes gute Ereignis in meinem Leben zwanzig schlechte Ereignisse gab. Wenn Schuld Fett wäre, hätte ich dreihundert Kilo wiegen müssen.

Während sich das Lichtwesen zurückzog, spürte ich, wie die Last dieser Schuld von mir genommen wurde. Ich hatte den Schmerz der Reflexion verspürt, aber ich hatte hierdurch das Wissen gewonnen, das ich einsetzen konnte, um mein Leben zu korrigieren. Ich vernahm wiederum wie durch Telepathie in meinem Kopf die Botschaft des Wesens: »Menschen sind mächtige spirituelle Wesen, deren Aufgabe es ist, das Gute auf der Erde zu schaffen. Dieses Gute entsteht in aller Regel nicht durch kühne Taten, sondern durch einzelne liebevolle Handlungen unter den Menschen. Die kleinen Dinge zählen, denn diese sind spontan und zeigen, wer man wirklich ist.«
Ich kannte jetzt das einfache Geheimnis, wie man die Menschheit verbessert. Die Menge an Liebe und guten Empfindungen, die einem am Ende des Lebens zur Verfügung steht, ist gleich der Liebe und den guten Empfindungen, die man während seines Lebens anderen entgegengebracht hat. So einfach war es.
»Ich werde ein besseres Leben führen, weil ich jetzt das Geheimnis kenne«, sagte ich zu dem Lichtwesen.
Dann aber wurde mir klar, daß es für mich keine Rückkehr mehr gab. Ich hatte kein Leben mehr vor mir. Ich war vom Blitz erschlagen. Ich war tot.

3
»Er ist tot.«

Später erfuhr ich, daß sich im Krankenwagen chaotische Szenen abgespielt hatten. Der Funkkontakt mit dem Krankenhaus ging weiter, während Sandy im Hintergrund schluchzte. Der Sanitäter setzte seine heldenhaften Bemühungen fort, obwohl auf dem Herzmonitor keine Anzeige mehr vorhanden war. Der Fahrer fuhr weiter mit Vollgas und Blaulicht, weil er dies immer tat, gleichgültig ob der Patient lebendig oder tot war.

An der Notfallaufnahme nahmen Ärzte und Schwestern den Krankenwagen in Empfang. Das Notfallteam zog mich aus dem Krankenwagen und fuhr mich in den Notoperationsraum. Mit der Effizienz von Menschen, die dies schon Hunderte von Malen gemacht haben, begannen Ärzte und Schwestern mit der Wiederbelebung. Ein Arzt kletterte auf die Bahre und begann, gegen meine Brust zu drücken, während eine Schwester den Kunststoffschlauch in meinen Hals schob und Luft einzublasen begann. Ein weiterer Arzt stieß eine lange Nadel in meine Brust und injizierte eine ganze Spritze Adrenalin.

Ohne Erfolg.

Die Ärzte mühten sich weiter. An meine Brust wurden Elektroden angelegt, um mein Herz durch Stromschläge wieder zum Schlagen zu bringen. Meine Rippen wurden

mit weiterer Herzmassage bearbeitet. »Komm, Dannion, komm!« schrie eine Schwester in mein Ohr.
Mein Körper reagierte nicht. Der Monitor zeigte nach wie vor keine Herzaktivität an, und in mir war kein Fünkchen Leben mehr.
»Es ist vorbei«, sagte der diensthabende Arzt. Er zog ein Laken über mein Gesicht, ging hinaus und setzte sich. Eine Schwester rief die Leichenkammer an und rollte mich auf den Flur hinaus neben den Aufzug. Dort würde ich bleiben, bis die Leichenwäscher aus dem Tiefgeschoß mich abholen würden.
Erschöpft und mit einem resignierten Ausdruck ging der diensthabende Arzt in das Wartezimmer, um Sandy und Tom zu sagen, was sie schon wußten. »Wir konnten nichts tun«, sagte er. Sandy und Tom begannen zu weinen.
Ich nahm nichts davon wahr. Ich hörte es später von Tom; denn wie der Doktor gesagt hatte: Ich war tot.

4
Die kristallene Stadt

Was geschieht jetzt, wo ich tot bin? fragte ich mich. Wohin gehe ich?

Ich richtete den Blick auf das schöne Lichtwesen, das vor mir schimmerte. Es war wie ein Beutel voller Diamanten, von denen ein beruhigendes Licht der Liebe ausging. Jegliche Furcht, die mir die Tatsache bereitet haben könnte, daß ich tot war, wurde durch die Liebe ausgelöscht, die von dem Wesen vor mir ausging. Trotz des verpfuschten Lebens, dessen Zeuge wir soeben geworden waren, ging von diesem Wesen eine tiefe und bedeutungsvolle Nachsicht aus. Das Lichtwesen war keineswegs ein strenger Richter, sondern vielmehr wie ein freundlicher Berater, der mich selbst die Schmerzen und die Freuden spüren ließ, die ich bei anderen Menschen ausgelöst hatte. Statt Scham und Kummer zu empfinden, war ich in die Liebe eingetaucht, die mich durch das Licht einhüllte.

Aber ich war tot. Was würde jetzt geschehen? Ich setzte mein Vertrauen auf das Lichtwesen.

Wir begannen uns aufwärts zu bewegen. Ich hörte ein Summen, während mein Körper schneller zu vibrieren begann. Wir stiegen von einer Ebene zur nächsten auf, wie ein Flugzeug, das gleichmäßig nach oben zieht. Wir waren von einem schimmernden, kühlen und dichten Dunst, wie Nebel an der Meeresküste, umgeben.

Rings um uns sah ich Energiefelder, die wie Lichtprismen aussahen. Ein Teil dieser Energie floß wie große Ströme, und teils wirbelte sie wie kleine Bäche. Ich sah sogar kleine Energieseen und -teiche. (Aus der Nähe waren es eindeutig Energiefelder, während sie aus der Ferne Flüssen und Seen ähnelten, wie man sie vom Flugzeug aus sieht.)

Durch den Dunst konnte ich Berge in einem tiefen Samtblau sehen. Diese Bergkette hatte keine zackigen Gipfel und zerklüfteten Abhänge. Sie waren sanft geschwungen, mit gerundeten Gipfeln und üppigen Schluchten, die in einem tieferen Blau erstrahlten.

Am Berghang gab es Lichter. Durch den Dunst sahen sie wie Häuser aus, in denen in der Dämmerung das Licht eingeschaltet wurde. Es gab sehr viele solcher Lichter, und daran, wie wir uns immer schneller nach unten bewegten, konnte ich erkennen, daß diese unser Ziel waren. Zuerst bewegten wir uns in Richtung der mächtig aufragenden rechten Seite dieses Gebirges. Dann machten wir eine Wendung nach links und bewegten uns rasch auf die kürzere Seite zu.

Ich betrachtete die himmlische Landschaft unter mir und fragte mich, auf welche Weise ich mich bewegte. Wir schwebten genau so, wie ich mir das Schweben der Engel immer vorgestellt hatte: einfach vom Boden abheben und fliegen. Dann nahm mein Denken eine philosophische Wendung. Bewege ich mich wirklich, oder ist dies nur eine Reise innerhalb meines Leichnams? Bevor wir landeten, fragte ich ständig das Wesen, wo ich war und wie ich dorthin gelangt war, aber es gab keine Antwort. Ich drängte auf eine Antwort, aber ich war doch nicht enttäuscht, als ich keine bekam. Während ich angestrengt nachdachte, wurde das Wesen größer und strahlte durch seine Macht etwas Beruhigendes aus. Auch ohne die Antworten, die ich so gerne gehabt hätte, fühlte ich mich wegen der mich umgebenden Kraft ganz gelassen. Wo auch immer ich bin – nichts kann mir hier etwas anhaben, sagte ich zu mir. Ich entspannte mich in der Gegenwart des Wesens.

Wie Vögel ohne Flügel glitten wir in eine Stadt mit vielen Kathedralen. Diese Kathedralen waren ganz aus einer kristallinen Substanz erbaut, die von innen heraus in einem kraftvollen Licht erstrahlten. Wir blieben vor einer dieser Kathedralen stehen. Ich fühlte mich neben diesem architektonischen Meisterwerk klein und unbedeutend. Ich dachte, daß es von den Engeln erbaut sein mußte, um die Größe Gottes zu zeigen. Die Türme waren so hoch und spitz wie diejenigen der großen Kathedralen Frankreichs, und die Wände waren so massiv und gewaltig wie diejenigen des Tabernakels der Mormonen in Salt Lake City. Die Wände bestanden aus großen Glasziegeln, die von innen heraus leuchteten. Diese Gebäude hatten nichts mit einer bestimmten Religion zu tun. Sie waren einfach Denkmäler des Ruhms Gottes.

Ich war von einer großen Ehrfurcht erfüllt. Von diesem Ort ging eine Macht aus, die durch die Luft zu pulsieren schien. Ich wußte, daß ich an einem Ort des Lernens war. Ich war nicht hier, um Zeuge meines Lebens zu sein oder zu sehen, welchen Wert es hatte; ich war hier, um Unterweisung zu empfangen. Ich blickte auf das Lichtwesen und stellte in Gedanken eine Frage: Ist dies der Himmel? Ich erhielt keine Antwort. Statt dessen gingen wir vorwärts, einen herrlichen Weg entlang und durch schimmernde Kristallportale.

Als wir in das Gebäude eintraten, war das Lichtwesen nicht mehr bei mir. Ich sah mich um, sah es aber nicht mehr. Im ganzen Raum waren lange Reihen von Bänken aufgestellt, und jenes strahlende Licht ließ alles erglänzen und sich wie Liebe anfühlen. Ich saß auf einer der Bänke und suchte im Raum nach meinem spirituellen Führer. Irgendwie fühlte ich mich unbehaglich, so alleine an diesem seltsamen und herrlichen Ort zu sitzen. Ich konnte niemanden sehen, doch hatte ich das deutliche Gefühl, daß die Bänke mit Menschen wie ich gefüllt waren, geistigen Wesen, die hier zum ersten Mal waren und erstaunt darüber waren, was sie sahen. Ich sah mich nochmals um, zuerst nach links und dann nach rechts, konnte aber immer noch niemanden erkennen. Es sind Wesen hier, sagte ich zu mir. Ich weiß, daß sie da sind. Ich sah mich weiter um, aber niemand zeigte sich.

Der Ort erinnerte mich an einen wunderbaren Vortragssaal. Die Bänke waren so angeordnet, daß jeder von seinem Platz aus auf ein langes Podium sehen konnte, das wie weißer Quarz schimmerte. Die Wand hinter diesem Podium bestand aus einem spektakulären Kaleidoskop in Farben von zarten Pastelltönen bis zu hellen Leuchtfarben. Ihre Schönheit war hypnotisierend. Ich beobachtete, wie die Farben sich miteinander vermischten, aufstiegen und pulsierten, wie es das Meer tut, wenn man weit draußen auf dem Wasser ist und in die Tiefe blickt.

Ich war mir sicher, daß ich von neuen Geistern umgeben war, aber jetzt wußte ich, warum sie unsichtbar blieben: Wenn wir einander sehen könnten, würde unsere Aufmerksamkeit von dem Podium vorne im Saal abgelenkt werden. Ich hatte das Gefühl, daß sich dort etwas ereignen müsse.

Im nächsten Augenblick war der Raum hinter dem Podium von Lichtwesen erfüllt. Sie standen vor den Bänken, auf denen ich saß, und sandten ein Leuchten aus, das ebenso gütig wie weise war.

Ich lehnte mich auf der Bank zurück und wartete. Was dann geschah, war der erstaunlichste Teil meiner spirituellen Reise.

5
Die Kassetten des Wissens

Ich konnte die Wesen zählen, die hinter dem Podium standen. Es waren dreizehn Wesen, die Schulter an Schulter über die ganze Breite der Bühne standen. Ich bemerkte noch anderes an ihnen, wohl durch eine Art Telepathie. Jedes von ihnen repräsentierte ein anderes emotionelles und psychisches Merkmal, das alle Menschen besitzen. So war zum Beispiel eines dieser Wesen intensiv und leidenschaftlich, während das andere künstlerisch und gefühlsbetont war. Eines war kühn und energisch, wieder ein anderes besitzergreifend und loyal. Nach menschlichen Begriffen war es so, wie wenn jedes von ihnen ein anderes Tierkreiszeichen darstellen würde. Spirituell gingen diese Wesen weit über die Tierkreiszeichen hinaus. Sie strahlten ihre jeweiligen Emotionen in einer Weise aus, daß ich sie spüren konnte.

Jetzt wußte ich mit größerer Gewißheit als jemals zuvor, daß dies ein Ort des Lernens war. Ich würde in Wissen eingetaucht und in einer Weise unterrichtet werden, wie ich nie zuvor unterrichtet wurde. Es würde keine Bücher und kein Auswendiglernen geben. In der Gegenwart dieser Lichtwesen würde ich zu Wissen werden und alles erfahren, was wichtig zu wissen war. Ich konnte alle Fragen stellen und würde Antworten bekommen. Ich war

wie ein Tropfen Wasser im Wissen des Ozeans oder ein Lichtstrahl, der weiß, was alles Licht weiß.
Ich mußte nur an eine Frage denken, und schon war mir die Essenz der Antwort klar. Im Bruchteil einer Sekunde verstand ich, wie Licht funktioniert, wie Geist in das physische Leben eintritt, warum Menschen in so unterschiedlicher Weise denken und handeln können. Frage, und Du sollst erkennen – so würde ich es zusammenfassen.
Diese Lichtwesen waren anders als dasjenige, was mir bei meinem Tod zuerst begegnete. Sie hatten zwar denselben silberblauen Schimmer, doch erstrahlte aus ihrem Innern ein tiefblaues Licht. Diese Farbe war mit einer starken Empfindung von Macht verbunden und schien sich aus derselben Quelle zu speisen, aus der auch Wesenszüge wie Heldentum kommen. Ich habe die Farbe seither nie mehr gesehen, doch schien dies zu bedeuten, daß diese Wesen zu den größten ihrer Art gehörten. Ich empfand soviel Ehrfurcht und Stolz in ihrer Gegenwart, wie ich ehrfürchtig und stolz wäre, wenn ich neben Jeanne d'Arc oder George Washington stünde.
Die Wesen traten eines nach dem anderen auf mich zu. Als sie sich näherten, kam eine Kassette in der Größe eines Videobandes aus ihrer Brust und bewegte sich schnell direkt auf mein Gesicht zu.
Beim ersten Mal zuckte ich zurück, weil ich glaubte, daß ich getroffen werden würde. Aber kurz vor meinem Gesicht öffnete sich die Kassette und zeigte eine Art winziges Fernsehbild eines Weltereignisses, das künftig eintreten sollte.
Während ich dies beobachtete, wurde ich in das Bild

hineingezogen, so daß ich an dem Ereignis teilnehmen konnte. Dies geschah zwölfmal, und zwölfmal war ich unmittelbarer Zeuge vieler Ereignisse, die die Welt künftig erschüttern sollten.

Damals wußte ich nicht, daß es sich um künftige Ereignisse handelte. Alles, was ich wußte, war, daß ich Dinge von großer Bedeutung sah und daß sie so klar vor meinen Augen standen wie die abendlichen Fernsehnachrichten – mit einem großen Unterschied: Ich wurde in den Bildschirm hineingezogen.

Später, als ich wieder in das Leben zurückgekehrt war, schrieb ich 117 Ereignisse auf, die ich in den Kassetten gesehen hatte. Drei Jahre lang geschah nichts. Dann wurden ab 1978 Ereignisse, die ich in den Kassetten gesehen hatte, Wirklichkeit. In den achtzehn Jahren, seitdem ich vom Blitz getroffen worden war und an diesen Ort ging, wurden 95 dieser Ereignisse Wirklichkeit.

An diesem Tag, dem 17. September 1975, eröffnete sich mir in aufeinanderfolgenden Kassetten die Zukunft.

Kassette 1 bis 3:
Visionen eines demoralisierten Landes

Kassette 1, 2 und 3 zeigten mir die Stimmung Amerikas nach dem Krieg in Südostasien. Sie zeigten Szenen des spirituellen Niederganges in unserem Land, der eine Nebenwirkung dieses Krieges war und die Struktur Amerikas und letztlich diejenige der Welt schwächte.

Die Bilder zeigten Kriegsgefangene, die vom Hunger erschöpft und ausgezehrt waren und in den Gefängnissen Nordvietnams darauf warteten, daß amerikanische Botschafter sie herausholten. Ich spürte ihre Angst und ihre Verzweiflung, als sie einer nach dem anderen erkannten, daß es für sie keine Hilfe gab und daß sie den Rest ihres Lebens in Dschungelgefängnissen verbringen müßten. Dies waren die MIAs, die Vermißten.

Diese MIAs waren bereits 1975 ein Thema, aber sie dienten als Ausgangspunkt für die Visionen, die ein Amerika zeigten, das in einen spirituellen Niedergang geriet. Ich konnte sehen, wie Amerika gewaltige Schulden anhäufte. Ich erlebte dies so, daß Geld schneller aus einem Raum herausging, als es wieder hereinkam. Durch irgendeine Art von Telepathie war mir klar, daß dieses Geld den Anstieg der Staatsverschuldung bedeutete und daß dies nichts Gutes verhieß. Ich sah auch Menschen, die in langen Reihen um den Grundbedarf wie Kleidung und Nahrungsmittel Schlange standen.

Auch viele Szenen von spirituellem Hunger wurden aus den beiden ersten Kassetten übermittelt. Ich sah Menschen, die so durchsichtig waren, daß man ihre Hohlheit erkennen konnte. Diese Hohlheit wurde verursacht – so verstand ich dies telepathisch – durch den Verlust des Vertrauens in Amerika und alles, wofür dieses Land stand. Der Krieg in Südostasien hatte in Verbindung mit der Inflation und einem Mißtrauen gegenüber unserer Regierung eine spirituelle Leere erzeugt. Diese Leere wurde durch den Verlust unserer Liebe zu Gott noch verschärft. Diese spirituelle Verarmung führte zu einer Reihe schokkierender Visionen: randalierende und plündernde Menschen, die mehr materielle Güter wollten, Kinder, die andere Kinder mit Präzisionsgewehren erschossen, Ver-

brecher, die Autos stahlen, junge Männer, die aus den Fenstern von Autos auf andere junge Männer schossen. Szenen wie diese spielten sich vor mir ab wie Szenen aus einem Gangsterfilm.
Die meisten der Verbrecher waren Kinder oder Heranwachsende, um die sich niemand kümmerte. Während ich Bild um Bild betrachtete, wurde mir schmerzlich klar, daß diese Kinder keine Familien hatten und sich deshalb wie Wölfe verhielten.
Ich war verwirrt, weil ich mir nicht erklären konnte, wie es möglich war, daß amerikanische Kinder streunten und mordeten. Hatten sie keine elterliche Führung? Wie konnte so etwas in unserem Land geschehen?
In der dritten Kassette sah ich mich selbst vor dem Siegel des Präsidenten der Vereinigten Staaten. Ich weiß nicht, wo ich war, doch sah ich die Initialen »R.R.« unter diesem Siegel prangen. Dann stand ich inmitten von Zeitungen und betrachtete die Titelkarikaturen. Immer wieder sah ich Karikaturen von einem Cowboy. Er ritt über das Gebirge oder schoß Gangster in Saloons nieder. Diese Vision war mit satirischen Zeichnungen aus Zeitungen des ganzen Landes wie dem *Boston Globe*, dem *Chicago Tribune* und der *Los Angeles Times* umkränzt. Die Zeitungen trugen die Jahreszahlen 1983 bis 1987, und in den Zeichnungen war klar erkennbar, daß sie sich auf den Präsidenten der Vereinigten Staaten bezogen, der dem Rest der Welt das Bild vermittelte, daß er ein Cowboy sei. Ich konnte auch sehen, daß die Hauptgestalt dieser Karikaturen ein Schauspieler war, weil es in den Zeichnungen immer um Film oder Theater ging. Eine der Karikaturen nahm sogar Bezug auf »Butch Cassidy and the Sundance

Kid« und gab die berühmte Szene in jenem Film wieder, in der die beiden Banditen von einem Felsen in ein flaches Wasser springen. Trotz der Klarheit der Zeitungsausschnitte konnte ich das Gesicht des Cowboys unter seinem Hut nicht erkennen. Ich weiß heute, daß jenes »R. R.« für Ronald Reagan stand, doch hatte ich damals keine Ahnung, wer der »Cowboy« war. Als ich einige Monate später Dr. Raymond Moody, dem bekannten Psychiater und Erforscher von Nah-Todeserfahrungen, diese Visionen erzählte, fragte er mich, wer meiner Meinung nach »R. R.« sein könnte. Ohne zu zögern, sagte ich: »Robert Redford.« Diesen Irrtum hält er mir noch heute gerne vor, und er neckt mich deswegen.

Kassette 4 und 5: Haß und Unfriede im Heiligen Land

Kassette 4 und 5 beinhalteten Szenen aus dem Nahen Osten und zeigten, wie die Spannungen in dieser seit jeher friedlosen Gegend den Siedepunkt erreichten. Die Religion spielte eine wesentliche Rolle bei diesen Auseinandersetzungen, aber auch wirtschaftliche Probleme. Das ständige Angewiesensein auf ausländisches Kapital war eine wichtige Triebfeder für die Aggressionen und den Haß, den ich in diesen Kassetten sah.

In der ersten dieser Kassetten sah ich, daß zwei Vereinbarungen geschlossen wurden.

Bei der ersten Vereinbarung einigten sich Israelis und Araber über etwas, das ich nicht genau erkennen konnte. Bezüglich der zweiten Übereinkunft konnte ich mehr erkennen. Männer schüttelten sich die Hände, und es wurde viel über ein neues Land geredet. Dann sah ich eine Folge von Bildern: den Jordan, eine israelische Siedlung, die sich nach Jordanien ausdehnte, und eine Landkarte, auf der Jordanien eine andere Farbe bekam. Als sich dieser verwirrende Bilderbogen vor meinen Augen entfaltete, hörte ich das Wesen telepathisch zu mir sprechen und sagen, daß es das Land Jordanien nicht mehr geben würde. Den Namen des neuen Landes hörte ich nicht.

Der Vertrag war nichts weiter als ein Schachzug der Israelis, um eine Polizeitruppe aus Israelis und Arabern aufstellen zu können. Diese Truppe war grausam und unerbittlich. Ich sah, daß sie blau-silberne Uniformen trug und die Menschen in dieser Region unterdrückte. Sie hielt sie so eisern in ihrem Griff, daß führende Politiker der ganzen Welt heftige Kritik an Israel übten. Viele Kollaborateure beider Seiten bespitzelten ihr eigenes Volk und gaben Informationen an diese Polizeitruppe weiter. Dadurch entstand überall gegenseitiger Argwohn, und in diesen Gesellschaften gab es kein Vertrauen mehr.

Ich konnte sehen, wie Israel vom Rest der Welt isoliert wurde. Die Lage spitzte sich zu, und ich sah Bilder, wie Israel Vorbereitungen für einen Krieg gegen andere Länder traf, u. a. gegen Rußland und ein chinesisch-arabisches Bündnis. Irgendwie stand Jerusalem im Zentrum dieses Konflikts, aber ich kann nicht genau sagen, in welcher Weise. Schlagzeilen, die ich in der Vision sah, gaben mir jedoch einen Hinweis, daß ein Zwischenfall in der Heiligen Stadt den Krieg ausgelöst hatte.

Diese Visionen zeigten, daß Israel spirituell hohl war. Ich hatte die Empfindung, daß es ein Land mit einer starken

Regierung, aber einer schwachen Moral war. Immer neue Bilder zeigten, wie Israelis Palästinensern und Arabern mit Haß entgegentraten, und ich hatte die intensive Empfindung, daß diese Nation Gott vergessen hatte und jetzt Rassenhaß praktizierte.

Die fünfte Kassette zeigte, wie Öl als Waffe zur Beherrschung der Weltwirtschaft eingesetzt wurde. Ich sah Bilder von Mekka und dann vom Saudischen Volk. Während diese Bilder an mir vorüberzogen, sagte eine Stimme, daß die Ölproduktion eingestellt werden würde, um Amerikas Wirtschaft zu ruinieren und Geld aus der Weltwirtschaft herauszupressen. Der Ölpreis werde immer höher, sagte die Stimme, und Saudi-Arabien verbündete sich mit Syrien und China. Ich sah, wie Araber und Menschen aus dem Fernen Osten sich die Hände schüttelten und Verträge abschlossen. Während ich diese Bilder sah, hatte ich die deutliche Empfindung, daß die Saudis asiatischen Ländern wie Nordkorea Geld gaben, um in dieser Weise die Wirtschaft des asiatischen Raumes zu destabilisieren.

Ich fragte mich, wo der Anfang dieser Allianz lag, und ich konnte in einer Nahaufnahme sehen, wie Syrer und Chinesen in einem Gebäude, das in Syrien war, Dokumente unterschrieben und sich die Hände schüttelten. Als Zeitpunkt nahm ich das Jahr 1992 wahr.

Es folgte das Jahr 1993, und mit ihm kamen Bilder, wie syrische und chinesische Wissenschaftler in Laboratorien gemeinsam an der Entwicklung eines Flugkörpers arbeiteten, der mit chemischen und biologischen Waffen bestückt werden konnte. Kernwaffen veralteten, und diese Länder wollten neue Zerstörungswaffen entwickeln.

Es folgten weitere Kassetten.

Kassette 6: Visionen einer atomaren Zerstörung

Kassette Nummer 6 war furchtbar. Ich wurde in die Kassette gezogen und fand mich in einer kühlen Waldgegend an einem Fluß wieder. Neben dem Fluß stand ein wuchtiges Betongebäude, kantig und abweisend. Ich hatte Angst, wußte aber nicht, warum. Plötzlich bebte die Erde, und der Oberteil dieses Betonbaus explodierte. Ich wußte, daß es eine Kernexplosion war, und ich spürte, wie Hunderte von Menschen in meiner Nähe hierdurch ums Leben kamen. Ich empfing telepathisch die Jahreszahl 1986 sowie das Wort *wormwood* (Wermut). Erst zehn Jahre später, als das Kernkraftwerk Tschernobyl in der Ukraine explodierte, konnte ich diese Bilder einem Ereignis zuordnen. Dann ergab sich mir auch ein weiterer Zusammenhang zwischen der Vision in dieser Kassette und der Atomkatastrophe in der UdSSR: Das Wort *Tschernobyl* bedeutet »Wermut«.

In dieser Kassette wurde ein zweiter atomarer Unfall gezeigt, diesmal in einem nördlichen Meer, das so stark verschmutzt war, daß keine Schiffe mehr dorthin fuhren. Das Wasser war hellrot und mit toten und sterbenden Fischen bedeckt. Rings um das Wasser waren Berggipfel und Täler, die mich an norwegische Fjorde erinnerten. Ich konnte nicht sagen, wo dies war, aber ich wußte, daß der Vorfall die Welt in Angst und Schrecken versetzt hatte, weil die Strahlung dieses Unfalls sich überall ausbreiten und Folgen für die ganze Menschheit haben konnte. Der Zeitpunkt dieses Bildes war das Jahr 1995.

Die Vision war damit noch nicht zu Ende. Durch diese

Kernkatastrophen starben Menschen und wurden verkrüppelt. In einer Art von Fernsehbildern sah ich Krebsopfer und mißgebildete Babys in Rußland, Norwegen, Schweden und Finnland, nicht Hunderte oder Tausende von Menschen, sondern Zehntausende, eine endlose Kette von Deformitäten, die sich durch Generationen hindurchzogen. Die Gifte, die durch diese Unfälle freigesetzt wurden, gelangten mit dem Wasser, das durch diese atomaren Zerfallsprodukte für alle Zeiten verseucht war, in die übrige Welt. Das Wesen erklärte mir, daß die Menschen eine furchtbare Kraft wachgerufen hatten, die sie nicht beherrschen konnten. Indem die Sowjets diese Macht ihrer Kontrolle entgleiten ließen, hätten sie ihr eigenes Land und möglicherweise die ganze Welt zerstört.

Die Kassette zeigte mir die Angst in den Herzen der Menschen, die durch diese Atomunfälle hervorgerufen worden war. Als die Bilder dieser Angst vor mir vorüberzogen, hatte ich irgendwie den Eindruck, daß die Umweltschutzbewegung die neue Religion der Welt werden würde. Die Menschen würden eine saubere Umwelt mehr denn je als Schlüssel zur Erlösung betrachten. Es würden politische Parteien entstehen, deren zentrales Anliegen eine saubere Erde sein würde, und politische Schicksale würden sich an der Frage der Haltung zur Umwelt entscheiden.

Nach Tschernobyl und diesem zweiten Unfall konnte ich sehen, daß die Sowjetunion zerfallen und untergehen würde, weil das Sowjetvolk das Vertrauen in die Regierung verlor und die Regierung keine Kontrolle mehr über ihr Volk hatte.

Bei diesen Visionen spielte die Wirtschaft eine wichtige

Rolle. Ich sah Menschen, die mit großen Taschen mit Geld in Geschäfte gingen und mit kleinen Taschen mit Waren wieder herauskamen. Menschen in Uniformen bettelten in sowjetischen Straßen um Essen, und einige von ihnen waren dem Hungertod nahe. Die Menschen aßen verfaulte Kartoffeln und Äpfel, und die Leute rotteten sich zusammen und plünderten Lastwagen mit Lebensmitteln.

In kyrillischen Buchstaben erschien das Wort *Georgien*, und ich konnte sehen, wie sich in Moskau eine Mafia formierte, die, wie ich annahm, aus Georgien kam. Diese Mafia gewann immer größere Macht und forderte die sowjetische Regierung heraus. Szenen um Szenen sah ich, wie Mafiamitglieder ungehindert in einer Stadt, bei der es sich wohl um Moskau handelte, ihren Geschäften nachgingen.

Der Zusammenbruch der Sowjetunion erfüllte mich nicht mit Freude. Zwar ging der Kommunismus sowjetischer Prägung vor meinen Augen zugrunde, doch sagte das Lichtwesen, daß dies ein gefährlicher, kein ruhmreicher Augenblick sei. »Achte auf die Sowjetunion«, sagte es, »wie es dem russischen Volk ergeht, so ergeht es der Welt. Was mit Rußland geschieht, ist der Schlüssel zu allem, was mit der Wirtschaft der freien Welt geschehen wird.«

Kassette 7: Die Umweltreligion

Die siebte Kassette enthielt eindrückliche Bilder der Umweltzerstörung. Ich sah ganze Weltbereiche, die Energie ausstrahlten und wie die Leuchtziffern einer Uhr im Dunkeln leuchteten. Telepathisch hörte ich Stimmen über die Notwendigkeit sprechen, die Umwelt sauber zu machen.

Diese Stimmen kamen zunächst aus Rußland, nahmen dann aber einen anderen Akzent an, und ich erkannte, daß sie aus Südamerika kamen, möglicherweise aus Uruguay oder Paraguay.

Ich sah den russischen Sprecher, der engagiert darüber sprach, daß wir die Umwelt heilen müssen. Die Menschen strömten zu ihm, und bald gewann er so große Macht, daß er in eines der höchsten Ämter der Vereinten Nationen aufrückte. Ich sah diesen Russen auf einem weißen Pferd reiten, und ich wußte, daß sein Aufstieg noch vor dem Jahr 2000 erfolgen würde.

Kassette 8 und 9: China im Kampf mit Rußland

Kassette 8 und 9 enthielten Visionen über die wachsende Feindseligkeit Chinas gegenüber der Sowjetunion. Als ich 1975 diese Visionen hatte, wußte ich nicht, daß die Sowjetunion zusammenbrechen würde. Heute glaube ich, daß die Spannungen, die ich in dieser Vision sah, die Folge des Untergangs des sowjetischen Kommunismus

sind, wodurch die Chinesen zur Führungsmacht des Kommunismus werden.
Damals waren mir die Visionen ein Rätsel. Ich sah Grenzkonflikte und schwere Kämpfe zwischen sowjetischen und chinesischen Armeen. Schließlich massierten die Chinesen ihre Truppen an der Grenze und drangen in die Sowjetunion ein.
Die Kämpfe konzentrierten sich auf eine Eisenbahnlinie, die die Chinesen nach schweren Kämpfen unter ihre Kontrolle brachten. In der Folge hiervon drangen sie tief in die Sowjetunion ein, teilten das Land und besetzten die Ölfelder Sibiriens. Ich sah Schnee, Blut und Öl, und ich wußte, daß es auf beiden Seiten schwere Verluste an Menschenleben gegeben hatte.

Kassette 10 und 11:
Wirtschaftliche Erschütterungen, Wüstensturm

Kassette 10 und 11 folgten rasch aufeinander. Sie zeigten Bilder des wirtschaftlichen Zusammenbruchs der Welt. Die Visionen zeigten eine Welt, die um die Jahrtausendwende in schwerem Aufruhr war, der zu einer neuen, feudalistischen und von Kämpfen erfüllten Weltordnung führte. In einer der Visionen standen Menschen in Schlangen vor Banken, um Geld abzuheben. In einer anderen Vision waren die Banken von der Regierung geschlossen worden. Die Stimme, die die Visionen begleitete, sagte mir, daß dies in den 90er Jahren stattfinden und der Anfang ökonomischer Unruhen sein würde, die zum Bankrott Amerikas im Jahre 2000 führen würden.

Die Kassette zeigte Bilder von Dollarzeichen, die vorüberflogen, während die Menschen mit besorgten Mienen tankten. Es war mir klar, daß die Ölpreise schwindelerregend ansteigen würden.
Ich sah, wie dreizehn neue Länder Ende der 90er Jahre auf den Weltmarkt traten. Diese Länder verfügten über Herstellungstechniken, die sie zu Wettbewerbern der Vereinigten Staaten werden ließen. Unsere europäischen Märkte verlagerten ihren Handelsschwerpunkt auf diese Länder, was unsere Wirtschaft noch mehr bremste. All dies führte zu einer erheblichen Schwächung der Wirtschaft.
Das Ende Amerikas als Weltmacht stellten Visionen von zwei furchtbaren Erdbeben dar, bei denen Gebäude wie die Baukastenklötzchen eines Kindes schwankten und zusammenstürzten. Ich wußte, daß diese Erdbeben irgendwann gegen Ende des Jahrhunderts stattfanden, aber ich konnte nicht sagen, wo. Ich erinnere mich, daß ich eine große Wassermasse sah, möglicherweise einen Fluß.
Die Kosten für den Wiederaufbau dieser zerstörten Städte würden unserer Regierung den Todesstoß versetzen, die finanziell so am Ende war, daß sie sich kaum am Leben halten konnte. Die Stimme in der Vision sagte mir, daß es so kommen würde, während die Bilder aus der Kassette hungernde Amerikaner zeigten, die um Lebensmittel Schlange standen.
Gegen Ende von Kassette 10 erschienen Bilder eines Krieges in der Wüste, eine massive Demonstration militärischer Macht. Ich sah Armeen, die in der Wüste aufeinanderprallten, wobei Panzer mächtige Staubwolken aufwirbelten. Man hörte Geschützfeuer und sah Explosionen,

die wie Blitzeinschläge aussahen. Die Erde bebte, und dann war Stille. Wie ein Vogel flog ich über weite Flächen mit zerstörtem militärischem Gerät.
Als ich die Kassette verließ, tauchte das Datum 1990 vor mir auf. Dies war das Jahr der Operation Wüstensturm, durch die die irakischen Truppen aus Kuwait vertrieben wurden.
Kassette 11 zeigte zunächst, daß Irak und Iran im Besitz von atomaren und chemischen Waffen waren. In diesem Waffenaufgebot befand sich auch ein U-Boot, das mit Atomraketen bestückt war. Eine Stimme in der Vision sagte, daß dies das Jahr 1993 war.
Ich sah, wie dieses U-Boot in schneller Fahrt durch die Gewässer des Nahen Ostens fuhr. Es wurde von Persern gesteuert. Ich erkannte, daß es ihre Absicht war, den Öltransport aus dem Nahen Osten zu unterbrechen. Während sie redeten, priesen sie ständig Gott, so daß ich das Gefühl hatte, daß es sich um eine Art religiöse Mission handelte.
Die Raketen in der Wüste des Nahen Ostens waren mit chemischen Sprengköpfen ausgerüstet. Ich weiß nicht, auf welche Ziele sie gerichtet waren, aber ich weiß, daß weltweit große Besorgnis hinsichtlich der Intentionen der arabischen Länder herrschte, in deren Besitz sie sich befanden.
Chemische Kriegführung spielte eine Rolle in einer furchtbaren Vision von einem terroristischen Anschlag, der vor dem Jahre 2000 in Frankreich stattfinden wird. Es beginnt damit, daß in Frankreich ein Buch erscheint, das die arabische Welt erzürnt. Ich kenne den Titel dieses Buches nicht, doch hat es einen chemischen Angriff von

Arabern auf eine französische Stadt zur Folge. Eine Chemikalie wird in das Trinkwasser geschüttet, und Tausende trinken davon und sterben, bevor Schutzmaßnahmen ergriffen werden können.

In einer kurzen Vision sah ich, wie Ägypter sich Straßenschlachten lieferten, und die Stimme sagte mir, daß Ägypten 1997 keine Demokratie mehr sein und in die Hände religiöser Fanatiker fallen würde.

Die letzten Visionen aus Kassette 11 ähnelten den Bildern, die wir heute aus Sarajevo sehen: moderne Städte, die durch kriegerische Auseinandersetzungen zu Ruinen werden und deren Bewohner aus Gründen, die von Rassismus bis zu Glaubensunterschieden reichen, miteinander im Kampf liegen. Ich sah viele Städte in der ganzen Welt, in denen verzweifelte Menschen ihre eigenen Toten aßen.

In einer dieser Szenen weinten Europäer in einer hügeligen Gegend, während sie Menschenfleisch kochten. In schneller Aufeinanderfolge sah ich Menschen aller fünf Rassen, die ihre Artgenossen aufaßen.

Kassette 12:
Technik und Viren

Anschließend nahm mich die zwölfte Kassette auf. Bei diesen Visionen ging es um ein wichtiges Ereignis in der ferneren Zukunft, den 90er Jahren (es war damals das Jahr 1975), in denen viele bedeutende Änderungen eintreten sollten.

In dieser Kassette war ich Zeuge, wie ein Gentechniker aus dem Nahen Osten eine Möglichkeit entdeckte, die

DNA zu verändern und ein Virus zu erzeugen, das zur Fertigung von Computerchips eingesetzt werden kann. Diese Entdeckung ermöglichte ungeheure Fortschritte in Wissenschaft und Technik. Japan, China und andere Anrainerstaaten des Pazifiks erlebten durch diese Entdekkung einen wirtschaftlichen Boom und erlangten unglaubliche Macht. Computerchips, die nach diesem Verfahren erzeugt wurden, fanden praktisch in der ganzen Technik Anwendung, in Autos und Flugzeugen bis hin zu Staubsaugern und Mixern.

Noch vor der Jahrtausendwende wurde dieser Mann so reich, daß er großen Einfluß auf die Weltwirtschaft hatte. Dennoch genoß er hohes Ansehen, weil die Chips, die er entworfen hatte, die Welt irgendwie in ein ruhigeres Fahrwasser brachten.

Allmählich erlag er der Faszination der eigenen Macht. Er hielt sich für eine Art Gott und verlangte nach immer mehr Macht. Mit dieser zusätzlichen Macht begann er nun die Welt zu regieren.

Zur Sicherung seiner Macht bediente er sich eines besonderen Verfahrens. Alle Menschen der Erde waren gesetzlich verpflichtet, sich einen seiner Chips unter die Haut einpflanzen zu lassen. Dieser Chip enthielt die gesamten persönlichen Daten des Menschen. Wenn eine Behörde etwas wissen wollte, brauchte sie nichts weiter zu tun, als den Chip mit einem speziellen Gerät abzutasten. Damit konnte sie alles über den Betreffenden in Erfahrung bringen, wo er arbeitete und lebte, seine Krankengeschichte und sogar die Krankheiten, für die er eine Disposition hatte.

Dieser Chip besaß noch eine besonders heimtückische

Eigenschaft. Man konnte das Leben eines Menschen verkürzen, indem man diesen Chip so programmierte, daß er sich auflöste und seinen Träger durch das Virus tötete, aus dem er hergestellt war. In dieser Weise wurden die Lebensspannen geregelt, damit die Regierung die Kosten sparen konnte, die alte Menschen verursachen. Mit diesem Verfahren wurden auch Menschen mit chronischen Krankheiten beseitigt, die das Gesundheitssystem belasteten.

Menschen, die sich keine Chips einpflanzen ließen, wurden ausgestoßen. Sie durften nirgendwo angestellt werden und keine öffentlichen Dienste in Anspruch nehmen.

Die letzten Visionen

Ganz zum Schluß folgte noch eine dreizehnte Vision. Ich weiß nicht, woher sie kam. Ich sah weder ein Lichtwesen, das sie in einer Kassette gebracht hätte, noch eines, das sie wieder wegnahm. Diese Vision war in vielerlei Hinsicht die bedeutendste, weil sie alles zusammenfaßte, was ich in den zwölf vorherigen Kassetten gesehen hatte. Auf telepathischem Wege hörte ich ein Wesen sagen: »Wenn du weiterhin demjenigen anhängst, was du gelehrt wurdest, und wenn du weiter so lebst, wie du die letzten dreißig Jahre gelebt hast, wird all dies mit Gewißheit über dich kommen. Wenn du dich änderst, kannst du den bevorstehenden Krieg vermeiden.«

Diese Botschaft war von Szenen eines schrecklichen Weltkriegs begleitet. Als die Visionen erschienen, sagte das Wesen zu mir, daß die Jahre 1994 bis 1996 die Entscheidung darüber bringen würden, ob dieser Weltkrieg ausbrechen würde. »Wenn du weiter diesem Dogma anhängst, wird die Welt im Jahre 2004 nicht mehr dieselbe sein wie heute«, sagte das Wesen. »Aber sie läßt sich noch ändern, und du kannst dabei helfen.«

Vor mir tauchten Szenen des Dritten Weltkriegs auf. Ich war an hundert Orten zugleich, in Wüsten und Wäldern, und sah eine Welt voller Kampf und Chaos. Irgendwie war klar, daß dieser letzte Krieg, ein Armageddon, wenn man so will, durch Angst verursacht war. In einer der verwirrendsten Visionen überhaupt, die ich hatte, sah ich eine Armee verschleierter Frauen in schwarzen Gewändern durch eine europäische Stadt marschieren.

»Die Angst, die diese Menschen empfinden, ist unnötig«, sagte das Lichtwesen. »Die Angst ist aber so groß, daß die Menschen alle Freiheiten um der Sicherheit willen aufgeben.«

Ich sah auch andere als kriegerische Szenen, u. a. viele Visionen von Naturkatastrophen. In Teilen der Welt, die einst Kornkammern waren, sah ich ausgedörrte Wüsten und gepflügte Äcker, die die Bauern aufgegeben hatten. In anderen Teilen der Welt hatten sintflutartige Regenfälle die Erde zerfurcht, den Mutterboden weggeschwemmt und die Flüsse zu Strömen trüben Schlamms anschwellen lassen.

Bei dieser Vision waren die Menschen vom Hungertod bedroht. Sie bettelten auf den Straßen um Essen, hielten Schalen und Becher und selbst ihre Hände auf und hofften, daß ihnen jemand eine Kleinigkeit zu essen geben würde. In einigen der Bilder hatten es die Menschen aufgegeben oder waren zu schwach zu betteln; sie lagen

zusammengekrümmt auf dem Boden und warteten auf den erlösenden Tod.
Ich sah, daß in Mittel- und Südamerika Bürgerkriege ausbrachen und vor dem Jahr 2000 in allen diesen Ländern sozialistische Regierungen an die Macht kamen. Als sich die Kriege verschärften, strömten Millionen von Flüchtlingen über die amerikanische Grenze, weil sie in Nordamerika auf ein neues Leben hofften. Diese Einwanderer konnten in keiner Weise aufgehalten werden. Sie waren von Todesangst getrieben und hatten ihr Gottesvertrauen verloren.
Ich sah Millionen von Menschen, die Managua und Nicaragua in Richtung Norden verließen und über den Rio Grande nach Texas strömten. Es waren so viele, daß wir die ganze Grenze mit Soldaten sichern und sie über den Fluß zurücktreiben mußten.
Die mexikanische Wirtschaft brach unter der Belastung dieser Flüchtlinge zusammen.

Als diese Visionen geendet hatten, wurde mir plötzlich klar, daß die jenseitigen Wesenheiten verzweifelt versuchten, uns zu helfen, nicht weil wir so gute Menschen waren, sondern weil sie in *ihrer* Welt nicht vorwärts kommen konnten, wenn wir hier auf der Erde keine spirituellen Fortschritte machten. »Ihr Menschen seid die eigentlichen Helden«, sagte ein Wesen zu mir. »Diejenigen, die auf die Erde gehen, sind Helden und Heldinnen, denn ihr tut etwas, wozu kein anderes spirituelles Wesen den Mut hat. Ihr seid auf die Erde gegangen, um mit Gott schöpferisch tätig zu sein.«

Während diese Kassetten nacheinander vor mir auftauchten, gingen mir immer wieder dieselben Fragen durch den Kopf: Warum geschieht mir dies? Was haben diese Szenen in den Kassetten zu bedeuten, und warum werden sie mir gezeigt? Ich verstand nicht, was vorging, und trotz des anscheinend unermeßlichen Wissens, das ich zuvor empfangen hatte, konnte ich keine Antwort auf diese Fragen finden. Ich blickte in die Zukunft und verstand nicht, warum.

Nach den letzten Visionen beantwortete das dreizehnte Lichtwesen meine Fragen. Es war mächtiger als die anderen, jedenfalls empfand ich das so. Seine Farben waren noch intensiver, und die anderen Wesen schienen ihm zu gehorchen. Seine Persönlichkeit strahlte mit seinem Licht aus und hüllte die Emotionen der anderen Wesen ein.

Ohne Worte sagte es mir, daß alles, was ich soeben gesehen hatte, in der Zukunft lag, aber nicht notwendigerweise unverrückbar feststand. »Der Gang der menschlichen Ereignisse kann sich ändern, doch müssen die Menschen zuerst erkennen, wer sie sind«, sagte das Wesen. Es teilte mir erneut die Überzeugung der Wesen mit, daß die Menschen großartige, mächtige und kraftvolle spirituelle Wesen seien. »Für uns sind diejenigen, die zur Erde gehen, große Abenteurer«, sagte es. »Ihr habt den Mut, euer Leben zu öffnen und euch auf das große Abenteuer einzulassen, das Gott geschaffen hat und das als die Welt bezeichnet wird.«

Dann sagte es mir, was meine Bestimmung auf der Erde sei. »Ihr seid dort, um einen spirituellen Kapitalismus zu schaffen«, sagte es. »Du mußt dieses künftige System verwirklichen, indem du das Denken der Menschen änderst. Zeige den Menschen, wie sie sich auf ihr spirituelles Selbst verlassen können statt auf die Regierung und die Kirche. Religion ist gut, doch darf sie die Menschen nicht vollständig kontrollieren. Menschen sind mächtige spirituelle Wesen. Sie brauchen nichts weiter zu wissen, als daß Liebe darin besteht, daß man andere ebenso behandelt, wie man selbst behandelt werden möchte.«

Dann erklärte mir das Wesen, was ich nach meiner Rückkehr zur Erde tun sollte. Ich sollte Zentren schaffen, in die die Menschen kommen konnten, um die Belastungen in ihrem Leben abzubauen. Durch diesen Streßabbau, sagte das Wesen, würden die Menschen »wie wir« erkennen, daß sie höhere spirituelle Wesen sind. Sie würden weniger ängstlich sein und liebevoller gegenüber ihren Mitmenschen.

Dann hatte ich eine Vision von sieben Räumen:

- ein »Therapieraum«, in dem die Menschen zusammenkommen und miteinander sprechen,
- eine Massageklinik, in der die Menschen nicht nur selbst massiert werden, sondern auch andere massieren,
- ein Raum zur sensoriellen Deprivation, in dem sich Menschen entspannen und tief in sich selbst gehen konnten,
- ein Raum mit Biofeedback-Geräten, in denen Menschen sehen können, inwieweit sie ihre Gefühle kontrollieren können,
- ein Bereich für Deutungen, in denen Menschen mit psychischen Fähigkeiten Patienten zu persönlichen Erkenntnissen verhelfen konnten,

- ein Raum mit einem Bett und einer Musikanlage, in dem sich Menschen so tief entspannen können, daß sie aus ihrem Körper austreten können,
- ein Spiegelkabinett, das innen mit poliertem Stahl oder Kupfer ausgekleidet und so geformt war, daß man im Inneren sein Spiegelbild nicht sehen konnte. (Ich sah, daß die Wände aus poliertem Edelstahl waren, aber ich verstand den Zweck dieses Raums nicht.)

Als achten Schritt bei diesem Prozeß legt sich der Betreffende nochmals in das Bett, wo er erneut an die Biofeedback-Geräte angeschlossen wird. Wenn sich dann bei dem Betreffenden ein Zustand tiefer Entspannung einstellt, wird er in ein spirituelles Reich geleitet. Die Biofeedback-Geräte helfen ihm, die Empfindungen zu erkennen, die zum Erreichen solcher tiefer Entspannungszustände notwendig sind.

»Der Zweck all dieser Räume ist es, den Menschen zu zeigen, daß sie durch Gott Herr über ihr Leben sein können«, sagte das Wesen.

Ich weiß heute, daß jeder dieser Räume die moderne Version eines alten Orakels ist, der Mysterien- und Geistestempel des antiken Griechenlands. So ähneln zum Beispiel die Erlebnisse in dem Bett der Trauminkubation, die in den Asklepiostempeln durchgeführt wurde. Der Deutungsbereich entspricht dem Tempel von Delphi, wo die Menschen mit Geistern sprachen. Das Spiegelkabinett ist das »Nekromanteum« von Ephyra, wo die Alten ihre verstorbenen Angehörigen erscheinen sahen. (Dies wurde mir erst viele Jahre später klar, als Raymond Moody, Doktor der Philosophie und der Medizin, den Zusam-

menhang zwischen diesen Räumen und den Orakeln bemerkte.)
Wie sollte ich diese modernen Orakel bauen? Das Wesen sagte mir, ich solle mir nicht den Kopf zerbrechen; die Bauelemente für diese Räume würde ich bekommen, und wenn ich sie bekäme, würde ich sie zusammenbauen. Wie ist dies möglich? dachte ich. Ich weiß überhaupt nichts von diesen Dingen. Ich weiß ein wenig über Meditation, weil ich sie praktizierte, als ich in meiner Jugend Karate ausübte. Aber ich weiß mit Sicherheit nicht genug von diesen Dingen, um solche Anlagen zu bauen. »Zerbrich dir nicht den Kopf«, sagte das Wesen. »Es wird sich alles finden.«

Das Wesen nannte diese Orte »Zentren«. Es sagte mir, daß es meine Aufgabe wäre, diese auf der Erde zu schaffen. Dann sagte es mir, die Zeit für meine Rückkehr zur Erde sei gekommen.

Ich wollte aber nicht zurückkehren. Es gefiel mir an diesem Ort. Ich war erst kurze Zeit dort, aber ich hatte bereits bemerkt, daß ich hier in viele Richtungen schweifen konnte, so als ob ich zum ganzen Universum Zugang hätte. Nachdem ich diesen Ort erlebt hatte, kam mir eine Rückkehr vor, wie wenn ich mich auf einen Stecknadelkopf beschränken müßte. Aber dies war nicht meine Entscheidung.

»Wir erbitten dies von dir. Kehr zurück, um diese Mission zu erfüllen«, sagte das Lichtwesen.

Dann kam ich zurück.

6
Rückkehr

Ich verließ die Kristallstadt und ging in eine Atmosphäre von satter blaugrauer Farbe über. Dies war derselbe Ort, an dem ich mich nach dem Blitzschlag befunden hatte, weshalb ich nur annehmen kann, daß dies die Grenze ist, die wir überschreiten, wenn wir in die geistige Welt eintreten.

Ich glitt auf dem Rücken aus dieser Atmosphäre heraus. Langsam und ohne Anstrengung konnte ich mich drehen und sah, daß ich über einem Korridor schwebte. Unter mir war ein Krankenbett mit einem Körper, der mit einem Laken zugedeckt und reglos dalag. Der Mensch unter dem Laken war offensichtlich tot.

Im Gang um die Ecke hörte ich, wie eine Lifttür aufging. Ich sah zwei Pfleger in weißen Kitteln aus dem Aufzug treten und auf den Toten zugehen. Sie sprachen wie zwei Burschen, die gerade aus einem Billardzimmer kommen. Der eine von ihnen hatte eine Zigarette im Mund und blies den Rauch zur Decke, wo ich schwebte. Ich spürte, daß sie den Leichnam in die Leichenkammer bringen wollten.

Bevor sie bei dem Toten angelangt waren, kam mein Kumpel Tommy aus der Tür heraus und trat zu dem Krankenbett. In diesem Augenblick wurde mir klar, daß der Mann unter dem Laken ich war. Ich war tot. Ich war

es – oder dasjenige, was von mir zurückgeblieben war –, der in die Leichenkammer gerollt werden sollte!
Ich spürte Tommys Trauer über meinen Tod. Er konnte sich nicht von mir trennen. Wie er dastand und auf meine Leiche starrte, spürte ich die Liebe, die von ihm ausging, und seinen Wunsch, ich möge wieder ins Leben zurückkehren.
Inzwischen waren alle meine Angehörigen im Krankenhaus, und ich spürte auch ihre Gebete. Meine Eltern, ein Bruder und meine Schwester saßen mit Sandy im Wartezimmer. Sie wußten nicht, daß ich tot war, weil es der Arzt nicht über sich gebracht hatte, es ihnen zu sagen. Er sagte ihnen statt dessen, daß es sehr schlecht um mich stünde.
Liebe kann Leben spenden, dachte ich, als ich im Korridor schwebte. Liebe kann den Unterschied ausmachen. Als ich mich auf Tommy konzentrierte, spürte ich, wie ich mich verdichtete. Im nächsten Augenblick blickte ich gegen das Laken.
Diese Rückkehr in meinen menschlichen Körper gab mir auch dessen Schmerz zurück. Ich brannte erneut und erlitt die Qual, von innen nach außen versengt zu sein, wie wenn in allen meinen Zellen Säure wäre. In meinen Ohren begann ein Läuten in solcher Lautstärke, daß ich glaubte, in einem Glockenturm zu sein. Meine Zunge war geschwollen und füllte meinen ganzen Mund aus. Auf meinem Körper waren blaue Zickzacklinien, die den Weg markierten, den der Blitz von meinem Kopf zum Boden genommen hatte. Ich konnte sie nicht sehen, aber ich fühlte ihr Feuer.
Ich war zur Regungslosigkeit verdammt, was ein schlim-

mer Zustand ist, wenn die Wärter kommen, um einen ins Leichenhaus zu fahren. Ich versuchte eine Bewegung zu machen, aber trotz aller Anstrengungen konnte ich keinen einzigen Muskel anspannen. Schließlich tat ich das einzige, wozu ich fähig war: Ich blies gegen das Laken.

»Er lebt, er lebt!« schrie Tommy.

»Hey, tatsächlich«, sagte einer der Wärter. Er zog das Laken weg, und da lag ich mit heraushängender Zunge und rollenden Augen. Plötzlich verfiel ich in Zuckungen wie ein Epileptiker, der einen Grand-mal-Anfall hat.

Der Wärter, der geraucht hatte, warf seine Zigarette auf den Boden und schob mich in die Notfallaufnahme zurück. »Er lebt noch«, schrie er. Die Ärzte und Schwestern stürzten wieder herein. Sie bearbeiteten mich eine weitere halbe Stunde. Ein Arzt schrie Befehle, und die Schwestern führten sie aus. In schneller Folge stießen sie Nadeln in meine Arme, meinen Hals und in mein Herz. Jemand legte die Elektroden wieder auf meine Brust, aber ich kann mich nicht erinnern, Strom verspürt zu haben; vermutlich dienten sie nur der Überwachung meines Pulsschlags. Jemand steckte etwas in meinen Mund. Jemand anders hielt meine Augen offen und leuchtete mit einer Taschenlampe hinein. Während dieser ganzen Zeit hatte ich nur den Wunsch, tot und wieder in der Kristallstadt zu sein, wo es keine Schmerzen gab und alles Wissen verfügbar war.

Aber ich konnte nicht zurück. Während das Klinikpersonal mit der Präzision eines Uhrwerks arbeitete, bekam ich allmählich wieder das Gefühl, wirklich im Raum zu sein. Ich konnte nicht richtig sehen, und die hellen Lampen über meinem Kopf schienen so grell in meine Augen, daß

ich schrie, man solle sie abschalten. Aber ich war wieder in der wirklichen Welt und sollte in ihr bleiben.
Als die Notfallmaßnahmen abgeschlossen waren, wurde ich in einen kleinen Nebenraum gerollt. Dieser Raum hatte einen Vorhang statt einer Tür und war offenbar für diejenigen Patienten bestimmt, die von der Notfallaufnahme auf die Intensivstation verlegt werden sollten.
Der Arzt gab mir eine Morphiumspritze, und plötzlich schwebte ich wieder über meinem Körper und blickte nach unten, wie Tommy sich in den Raum stahl, um an meiner Seite zu sein. Ich sah, wie er sich mit dem geübten Blick, den er dank seiner Sanitätsausbildung bei der Marine besaß, in den Schränken und Schubladen vergewisserte, welchem Zweck dieser Raum diente.
Einige Tage später erzählte ich Tommy in einer langsamen, beinahe zusammenhanglosen Sprache einiges von meinen Erlebnissen. Dann sagte ich: »Ich habe gesehen, daß du in den Schränken und Schubladen in diesem Raum gewühlt hast. Was wolltest du da?« Da ich zu diesem Zeitpunkt durch das Morphium bewußtlos war, schokkierte es ihn, daß ich sehen konnte, was er getan hatte, und es wurde ihm dadurch klar, daß bei meinem Tod etwas Außergewöhnliches geschehen sein mußte.
Aber dies ereignete sich erst später. Die ersten sieben Tage war ich gelähmt. Menschen saßen in meinem Zimmer, aber ich konnte sie nicht umarmen. Freunde und Verwandte sprachen mit mir, aber ich konnte nur wenige Worte antworten. Manchmal war mir bewußt, daß Menschen im Zimmer waren, aber ich wußte nicht, wer sie waren oder warum sie hier waren. Manchmal war mir nicht einmal bewußt, daß es sich um Menschen handelte.

Weil das Licht in meinen Augen so sehr schmerzte, mußte das Zimmer völlig abgedunkelt werden.
Die Welt, in der ich während des Schlafs lebte, war die Welt, die für mich einen Sinn machte. Wenn meine Wachwelt »inkohärent« war, wie mein Arzt sagte, dann entfaltete meine Traumwelt ein Muster der Kohärenz. Wenn ich schlief, befand ich mich wieder in der Kristallstadt und wurde auf die vielen Dinge vorbereitet, die ich der Vision zufolge tun mußte. Wenn ich schlief, wurde ich mit elektronischen Schaltkreisen vertraut gemacht und lernte die Bauteile kennen, die ich brauchte, um das Bett zu bauen.
Diese Träume nahmen jeden Tag einige Stunden in Anspruch und zogen sich über mindestens zwanzig Tage hin. Es waren wunderbare Träume. Meine Wachwelt war voller Schmerzen und Ärger. Meine Schlafwelt war voller Freiheit, Wissen und Begeisterung. Im Wachzustand warteten die Menschen nur darauf, daß ich sterben würde. Wenn ich schlief, wurde mir gezeigt, was für ein fruchtbares Leben ich führen könnte.
Wenn ich sage, daß die Menschen im Krankenhaus nur auf meinen Tod warteten, dann ist dies kein Zynismus. Niemand glaubte, daß ich durchkommen würde, und ich wurde als eine Art medizinisches Wunder betrachtet.
So kam zum Beispiel ein Team von Fachärzten extra aus New York, um mich zu untersuchen. Einer von ihnen sagte zu mir, daß er sich nicht erinnern könne, daß jemals jemand einen solchen Blitzschlag überlebt habe und daß er mich untersuchen wolle, solange ich noch am Leben sei. Sie blieben drei Tage im Krankenhaus und stocherten und stachen an mir herum, der ich gelähmt dalag. Besonders

scheußlich war ein Nadeltest, bei dem sie 18 cm lange Nadeln in meine Beine stachen, um meine Empfindung zu prüfen. Das Erstaunliche war, daß ich die Nadeln nicht spürte, obwohl ich sah, daß sie in meine Beine gestochen wurden.

Ich war entsetzt. Ich muß sehr ängstlich ausgesehen haben, als sie mit dem Nadeltest begannen, denn der Doktor hielt inne, bevor er die Nadeln in mein Bein stach, und sah mich an. Ich glaube nicht, daß ihm klar war, daß ich wußte, was mir bevorstand. Er stand da mit seinen Gummihandschuhen und der Nadel in der Hand und sagte: »Wir müssen nachsehen, ob hier noch ein Nerv funktioniert.« Dann schob er die Nadel in mein Bein.

Ich sah immer die Überraschung auf den Gesichtern der Ärzte und Schwestern, wenn sie in mein Zimmer kamen und ich immer noch am Leben war. Ich weiß, daß sie erwarteten, daß mein Herz versagen oder der Schmerz mich umbringen würde, und tatsächlich waren die Schmerzen so groß, daß ich sterben wollte. Aber ich wußte auch, daß ich überleben würde. Meine Erlebnisse in der Kristallstadt und die Träume, die ich jede Nacht hatte, gaben mir die Gewißheit, daß ich zum Leben verdammt war.

Wenn ich sage »verdammt«, dann gibt dies genau meine Empfindung wieder. Ich lebte in einer ständigen Agonie. Ich habe mich oft gefragt, warum ich beim Nadeltest nichts spürte. Ich glaube heute, daß die Schmerzen in meinem Körper insgesamt einfach so groß waren, daß ich nichts mehr spürte, was von außen mit ihm angestellt wurde. Wie schmerzhaft kann schließlich noch ein Nadelstich sein, wenn man von innen nach außen verbrannt ist?

Der Schmerz war überwältigend, und ich war in so schlechter Verfassung, daß ich mir nicht vorstellen konnte, je wieder so zu genesen, daß ich ein normales Leben würde führen können. Deshalb hatte ich das Gefühl, zum Leben verdammt zu sein.

Nachdem ich acht Tage nur auf dem Rücken gelegen hatte, machte ich eine Entdeckung: Ich konnte meine linke Hand bewegen.

Ich merkte dies, als meine Nase zu jucken begann. Der Schmerz hatte etwas nachgelassen, und ich hatte jetzt am ganzen Körper juckende Stellen, die sich wie tausend Ameisenbisse anfühlten. Eine der schlimmsten Stellen war meine Nase. Ich war so daran gewöhnt, gelähmt zu sein, daß ich einfach dalag und hoffte, daß der Juckreiz aufhören würde. Er hörte nicht auf. Ich kam auf den Gedanken, daß ich mich kratzen könnte, als ich feststellte, daß sich die Finger meiner linken Hand bewegten. Mit höchster Konzentration begann ich, meine Hand zum Gesicht zu ziehen. Dies war eine Anstrengung, wie wenn ich eine schwere Hantel heben müßte. Mehrmals mußte ich innehalten, um mich von der Anstrengung zu erholen. Schließlich war ich bei meiner Nase angelangt, was wohl eine Stunde gedauert haben mußte. Die Stelle juckte nicht mehr, aber ich kratzte trotzdem, um den Sieg auszukosten. Dabei entdeckte ich, daß meine Fingernägel vom Blitzschlag verbrannt und nur mehr schwarze Stummel waren.

Es war jetzt an der Zeit, mit meiner Rehabilitation zu beginnen. Ich beschloß, meinen Körper Muskel für Muskel wieder funktionstüchtig zu machen.

Mein Bruder brachte mir ein Exemplar von *Gray's Anato-*

my in das Krankenhaus. Darin ist die Funktion des menschlichen Körpers mit ausführlichen Erläuterungen und Zeichnungen aller Körperteile dargestellt. Mein Bruder machte mir aus einem Kleiderbügel und einem Bleistift ein Kopfgeschirr, das es mir ermöglichte, durch Drehen des Kopfes die Seiten mit dem Radiergummi an dem Stift umzublättern.

Ich begann mit meiner Handmuskulatur. Ich sah mir die Bilder in dem Buch an und konzentrierte mich dann auf die entsprechenden Muskeln und versuchte, sie nacheinander zu bewegen. Stunden um Stunden starrte ich in *Gray's Anatomy*, dann auf meine Hand, sprach mit ihr, verfluchte sie, zwang sie schließlich, sich zu bewegen. Als die linke Hand ihren Dienst wieder versah, machte ich mit der rechten Hand weiter und ging dann an meinem ganzen Körper abwärts. Der größte Augenblick war immer, wenn ich einen Muskel bewegen konnte, auch wenn es nur ein Millimeter war. Als dies geschah, wußte ich, daß ich meinen Körper wieder würde gebrauchen können.

Einige Tage, nachdem ich mit dieser Therapie begonnen hatte, beschloß ich, das Bett zu verlassen. Ich machte mir keine Illusionen, daß ich würde gehen können, jedenfalls jetzt noch nicht. Ich wollte nichts, als mit eigener Kraft aus dem Bett heraus- und wieder hineinzukommen.

Am späten Abend, als keine Schwestern mehr im Zimmer waren, rollte ich mich aus dem Bett und fiel mit einem gräßlichen dumpfen Schlag auf den Boden. Dann begann der Kampf, wieder in jenes Bett hineinzukommen, dem ich soeben entronnen war. Ich wälzte mich auf den Bauch und drückte mein Hinterteil millimeterweise mühsam wie ein Wurm in die Höhe. Dann faßte ich die Eisenstangen des Bettes, die Laken, die Matratze, alles, was ich mit meinen lahmen Fingern fassen konnte. Mehrmals fiel ich auf den kalten Boden zurück. Einmal schlief ich vor Erschöpfung ein. Bis zum Morgen war ich jedoch wieder in meinem Bett.

Weil die Schwestern alle vier Stunden nach den Patienten sahen, konnte ich mir ausrechnen, daß der »Wiederaufstieg« höchstens so lange gedauert haben konnte. Ich war so glücklich und erschöpft wie ein Kletterer, der den Mount Everest erstiegen hat. Ich wußte, daß es mit mir wieder aufwärts ging.

Trotzdem war niemand außer mir überzeugt, daß ich durchkommen würde. Die Schwestern hatten einen hoffnungslosen Gesichtsausdruck, wenn sie nach mir sahen. Ich hörte, wie die Ärzte auf dem Korridor sagten, daß mein Herz zu sehr geschädigt sei und daß ich sterben würde. Selbst meine Angehörigen zweifelten. Sie sahen, wie ich um Atem rang und mich nur mühsam bewegen konnte, und sie glaubten, daß ich nur noch eine kurze Spanne zu leben hätte. »Prima siehst du heute aus, Dannion«, sagten meine Leute, aber auf ihren Gesichtern malte sich das blanke Entsetzen, wie wenn sie auf der Straße eine Katze begutachten würden, die unter einen Lastwagen gekommen war.

Ich wünschte, ich hätte eine Filmkamera neben meinem Kopf montiert, damit ich den Gesichtsausdruck der Menschen hätte aufnehmen können, die versuchten, bei meinem Anblick die Fassung zu wahren.

So kam zum Beispiel eines Tages meine Tante in das Zimmer und stand am Fußende des Bettes. Sie starrte

mich eine Minute lang an, bis ihre Tochter kam und sich zu ihr stellte.
»Er sieht aus wie Jesus, nicht wahr?« sagte meine Tante.
»Ja«, sagte meine Cousine. »Es geht eine Art Leuchten von ihm aus, wie es Jesus gehabt haben muß, als man ihn vom Kreuz abnahm.«
Ein anderes Mal kam ein Nachbar zu Besuch. Er trat mit einem breiten Lächeln in das Zimmer. Als er bei mir stand und sich zu mir beugte, verzerrte sich das Lächeln im selben Maße, wie sich sein Magen umgedreht haben mußte. Mein Anblick verursachte ihm Übelkeit.
»Erbrechen Sie sich nicht über mir«, sagte ich.
Er richtete sich dankbar wieder auf und ging hinaus.
Einmal erbrach sich ein Besucher tatsächlich. Ich erwachte, weil jemand meinen Vorhang zurückzog und sagte: »O mein Gott!« Dann verschwand der Betreffende einfach. Er beugte sich nach vorne und erbrach sich und erbrach sich weiter, als er rückwärts aus dem Zimmer ging. Niemand hat mir bisher gestanden, daß er es gewesen sei, und ich weiß bis heute nicht, wer es war.
Während dieser ganzen grauenvollen Zeit war ich immer in Kontakt mit den Lichtwesen. Nacht für Nacht zeigten mir Träume meine Zukunft. Ich sah Schaltkreise, Baupläne und Bauteile. Außerdem erhielt ich einen Termin: Das erste funktionstüchtige Modell des Zentrums sollte 1992 fertiggestellt sein.
Ende September 1975 wurde ich aus dem Krankenhaus entlassen. Wider alles Erwarten hatte ich überlebt. Die Ärzte glaubten, daß ich durch den Unfall erblinden müßte, aber sie irrten sich. Meine Augen waren zwar so lichtempfindlich, daß ich im Freien eine Schweißerbrille

tragen mußte, aber ich konnte sehen. Keiner der Ärzte hätte geglaubt, daß ich mich jemals wieder würde bewegen können, doch konnte ich jetzt, nur dreizehn Tage nach dem Blitzschlag, aus dem Bett kriechen und mich in einen Rollstuhl fallen lassen. Ich brauchte zwar fast dreißig Minuten dafür, aber ich bestand darauf, es selbst zu tun. Sie hatten auch vorhergesagt, daß mein Herz innerhalb weniger Stunden nach dem Blitzschlag stehenbleiben würde. Aber es schlug trotzdem, als sie mich aus der Eingangshalle hinaus zum Auto fuhren.

Bevor ich wegging, fragten mich die Ärzte, was ich bei dem Unfall empfunden hätte. Ich konnte nur mühsam antworten, aber mir kam sofort das Bild der Jeanne d'Arc vor Augen.

»Ich hatte das Gefühl, als ob mich Gott auf dem Scheiterhaufen verbrannt hätte«, sagte ich stockend.

Dann wurde ich aus dem Krankenhaus hinaus zu einem wartenden Auto gefahren.

7
Zu Hause

Ich weiß, daß mich Sandy im Krankenhaus abholte, weil sie mir dies später erzählte. Ich glaube, daß ich irgendwie festlich empfangen wurde, aber ich kann mich aufrichtig nicht erinnern, daß man Ballons oder Schilder mit der Aufschrift »Willkommen zu Hause, Danny« aufgehängt hätte. Niemand sagte mir etwas davon, daß man mich zum Sterben nach Hause geschickt hatte, doch hatten die Ärzte dies meinen Eltern und Sandy deutlich gemacht. »Er soll seine letzten Tage zu Hause verbringen«, sagte einer der Ärzte. »Er hat es dort besser.«

In der Tat wußte ich die meiste Zeit nicht, ob ich noch im Krankenhaus oder nicht mehr im Krankenhaus war. Das Leben huschte schemenhaft an mir vorüber, weil die Nerven in meinem Körper kurzgeschlossen waren. Ich erlebte die Realität bruchstückhaft wie in einem Puzzle. Ich erkannte Menschen und erkannte sie wieder nicht. Einmal wußte ich, wo ich mich befand, dann war ich wieder voller Angst, weil ich mich plötzlich an einem seltsamen Ort wähnte. Ich war nur die Hülle eines Menschen.

Nachdem ich bereits einige Tage wieder zu Hause war, saß ich zum Beispiel in der Küche und unterhielt mich mit einer Frau. Sie trank Kaffee und redete die ganze Zeit über Menschen und Ereignisse, die mir völlig unbekannt waren. Aber ich fand diese Frau sehr nett. Sie hatte eine umgängliche Art und war sehr freundlich.

»Entschuldigen Sie«, unterbrach ich sie. »Aber wer sind Sie?«

Entsetzen spiegelte sich auf dem Gesicht der Frau: »Aber Dannion, ich bin deine Mutter!«

Ich war völlig kraftlos. Ich konnte vielleicht fünfzehn Minuten lang stehen. Manchmal konnte ich etwa zehn Schritte gehen, doch war ich danach so erschöpft, daß ich zwanzig Stunden schlafen mußte.

Im Schlaf begann dann das wirkliche Leben. Ich kehrte in die Kristallstadt zurück, wo ich von den Lichtwesen unterrichtet wurde.

Diese Visionen waren nicht dieselben wie während der Nah-Todeserfahrung. Diesmal war ich mir meines physischen Körpers bewußt, und ich wurde auch in anderer Weise von den Wesen unterrichtet. Als ich Geist war, war ich in Wissen eingetaucht und mußte nur an etwas denken, um es zugleich auch zu verstehen. Dieser Unterricht war anders, weil ich mich anstrengen mußte, den Stoff zu lernen. Die Schwierigkeit lag in der Art des Unterrichts. Ich bekam die Dinge gezeigt, die ich bauen sollte, aber mir wurde wenig erklärt. Ich sah zu, wie die Geistwesen die Geräte bedienten. Ich mußte dann selbst erschließen, wie man sie zu bauen hätte. Man zeigte mir zum Beispiel die sieben Bauteile des Bettes, aber man sagte mir ihre Namen nicht. Ich sah, wie die acht Teile der Zentren funktionierten, aber ich bekam keine technische Anweisung, wie man sie zusammensetzen müsse. Dieses Lernen durch Beobachtungen und Schlußfolgerungen machte meine Mission äußerst schwierig. Es

blieben auch einige Rätsel, die ich bis heute nicht gelöst habe.
Einmal zum Beispiel wurde ich durch einen Operationssaal der Zukunft geführt. In diesem Raum gab es keine Skalpelle oder scharfen Instrumente. Statt dessen wurde mit speziellen Lampen geheilt. Die Patienten bekamen Arzneimittel und wurden mit den Lampen bestrahlt, die mir ein Wesen erklärte, das mich begleitete, und dies veränderte die Schwingung der Zellen im Körper. Jeder Körperteil besitzt eine eigene Frequenz, sagte das Wesen. Wenn sich diese Frequenz ändert, treten bestimmte Krankheiten auf. Diese Lampen stellten an den erkrankten Organen die richtige Frequenz wieder her, wodurch alle Krankheiten geheilt wurden, von denen sie befallen waren.
Diese medizinischen Einblicke empfing ich als Visionen einer fernen Zukunft. Sie hatten mit meiner Aufgabe, die Zentren zu bauen, nur insofern zu tun, als sie zeigten, wie Streß auf den menschlichen Organismus wirkt.

Ich konnte von Glück sprechen, daß ich ein so reiches spirituelles Leben hatte, denn mein physisches Leben war ein Chaos. Zwei Monate nach dem Unfall schlief ich viel weniger als in den ersten zwei Wochen, doch bereiteten mir alltägliche Dinge immer noch Mühe. Wenn ich z. B. das Bett verlassen und in das Wohnzimmer gehen wollte, mußte ich dies wie eine große Reise planen. Eine Zeitlang versuchte ich, die Diele entlang zu gehen, aber ich wurde immer wieder ohnmächtig und wachte mit dem Gesicht am Fußboden auf. Eines Morgens verließ ich das Bett und stürzte zu Boden. Ich muß heftig aufgeprallt sein, denn als ich erwachte, lag ich mit gebrochener Nase in einer Blutlache. Durch den Sturz war ich so benommen, daß ich den ganzen Tag dalag, bis Sandy nach Hause kam.

An einem normalen Morgen wachte ich nach acht Uhr auf, nachdem Sandy bereits zur Arbeit gegangen war. Ich brauchte eineinhalb Stunden, um aus dem Bett zu kommen, weil meine Muskeln durch den langen Schlaf schmerzten und angespannt waren.

Nachdem ich auf allen vieren am Boden war, kroch ich auf dem Bauch in das Wohnzimmer und saß den ganzen Tag auf der Couch, vor Erschöpfung zu keiner Bewegung fähig. Oft machte ich in die Hosen, weil ich zu müde und zu langsam war, um rechtzeitig die Toilette zu erreichen. Wenn ich das Essen aß, das Sandy für mich auf dem Kaffeetisch bereitgestellt hatte, benutzte ich immer einen Löffel. Mit der Gabel fand ich einfach meinen Mund nicht, und ich stach mich damit unweigerlich in die Augen oder in die Stirn. Zum ersten Mal geschah dies, als ich ein Stück Huhn essen wollte und mich so heftig in die Stirn stach, daß ich blutete. Schwierige Dinge wie Erbsen konnte ich nicht essen, weil ich so sehr zitterte, daß sie vom Löffel fielen und auf den Boden kullerten.

Meist saß ich im Wohnzimmer und tat nichts. Ich hörte weder Musik, noch sah ich fern, und ich schämte mich so sehr, daß ich die Namen meiner Freunde nicht mehr wußte, daß ich nicht wagte, sie um einen Besuch zu bitten. Meist machte es mir nichts aus, allein zu sein. Je mehr ich allein war, desto besser konnte ich über die Visionen nachdenken. Wenn ich im Wohnzimmer oder auf der vorderen Veranda allein war, dachte ich über den Stoff meiner nächtlichen Sitzungen mit meinen geistigen Lehrern nach. Ich stellte im Geiste ständig mathematische Berechnungen an und verarbeitete die Informationen, die ich empfing. Manchmal machte ich Späße darüber, daß ich klug genug werden würde, um das Raumschiff Enterprise zu bauen.

Glücklicherweise floß ein ständiger Strom von Visionen ein, denn ich hatte sonst nichts zu meiner Unterhaltung. Ich ging praktisch nie irgendwohin, weil die Anstrengung zu groß war. Wenn ich es tat, bestand immer die Gefahr, ohnmächtig zu werden. Dies konnte manchmal sehr peinlich sein.

So ging ich zum Beispiel Silvester mit Sandy in ein chinesisches Restaurant. Ich war entschlossen, mit eigener Kraft in das Lokal zu gehen, und ich ließ mich nicht von ihr im Rollstuhl hineinfahren. Von einem Behindertenparkplatz aus ging ich langsam auf zwei Krücken zum Restaurant. Ich nannte dies »Krebsgang«, weil ich wie ein halbtoter Krebs mit großen Scheren aussah, der sich über trockenes Land schleppte.

Es dauerte zwischen zehn und zwanzig Minuten, bis ich im Restaurant war, und zu diesem Zeitpunkt keuchte ich bereits vor Anstrengung. Wir setzten uns sofort, aber mein Atem wurde nicht ruhig. Sandy bestellte Wotonsuppe, während ich dasaß und wie ein Hund japste. Ich versuchte, ein Gespräch mit Sandy zu führen, obwohl ich in ihren Augen das Entsetzen über meinen Zustand ablesen konnte.

Der Kellner brachte zwei siedendheiße Portionen Suppe an unseren Tisch. Ich blickte auf die Suppe und lag plötzlich in ihr. Ich war ohnmächtig geworden und mit dem Gesicht in den Teller gefallen. Zunächst glaubte Sandy, daß dies ein Scherz sei, aber als ich zu spucken und zu husten begann, schrie sie und zog meinen Kopf nach oben. Suppe lief aus meiner Nase und über das Tischtuch. Der Kellner hielt mich aufrecht im Stuhl, bis ich wieder zu Bewußtsein kam; dann half mir das Restaurantpersonal wieder zurück zum Auto.

Selbst ins Freie zu gehen war riskant. Eines Tages beschloß ich, den Morgen über in der Sonne zu sitzen. Ich »krebste« durch das Haus zum rückwärtigen Hof. Als ich ihn erreicht hatte, war ich erschöpft und schweißgebadet. Ich tastete nach den Armlehnen und versuchte, wie ein alter Mann, mich langsam niederzulassen. Im nächsten Augenblick lag ich mit dem Gesicht nach unten im Gras. Ich war wieder ohnmächtig geworden und konnte nicht mehr aufstehen.

Ich lag sechs Stunden dort, bis Sandy nach Hause kam und mich aufhob. Bis dahin versuchte ich, mir die Zeit damit zu vertreiben, daß ich das Gras und die Erde untersuchte.

Am schlimmsten war wohl jener Ohnmachtsanfall, als ich einmal zum Auto ging, um eine Zeitschrift zu holen, die ich vorne auf dem Sitz vergessen hatte. Ich faßte den Türgriff, zog die Tür auf und brach zusammen. Als ich wieder zu mir kam, war meine Hand im Türgriff festgeklemmt, und ich hing mit ausgekugelter Schulter an meiner Hand. So baumelte ich drei Stunden, bis mir jemand zu Hilfe kam.

Ende 1975 war ich finanziell am Ende. Meine Krankenhausrechnungen und der Einkommensausfall summierten sich auf über 100000 Dollar, und die Schulden wuchsen von Tag zu Tag. Um meine Rechnungen bezahlen zu können, mußte ich alles verkaufen, was ich hatte. Als erstes gingen meine Autos – fünf Oldtimer in erstklassigem Zustand – meistbietend weg. Weil ich nicht arbeiten konnte, mußte ich auch meine Geschäftsanteile abgeben. Ebenso konnte ich nicht mehr als Selbständiger für die Regierung arbeiten. Ich war für den Geheimdienst tätig gewesen, ein Job, bei dem es auf Schnelligkeit und Unauffälligkeit ankam. Hier hatte ein Halbblinder, der wie ein verkrüppelter Krebs geht, nichts mehr zu suchen. Mir blieb jetzt nur noch Büroarbeit. Die Tatsache, daß ich nicht mehr im Außendienst tätig sein konnte, machte mir nicht allzuviel aus. Diese Arbeit war zwar aufregender als ein Bürojob, aber sie war für mich mit vielen schlechten Erinnerungen befrachtet. Wie mir während meiner Nah-Todeserfahrung klargeworden war, hatte ich in all den Jahren vieles getan, was anderen Menschen große Schmerzen bereitet hatte. Nach dem Wiedererleben all dieser Ereignisse wollte ich nicht noch mehr Negatives auf mich laden. Jedem, der es hören wollte, sagte ich: »Sei vorsichtig, was du in deinem Leben tust, denn nach deinem Tod wirst du mit all deinen Taten konfrontiert. Der Unterschied ist aber, daß du diesmal das Opfer bist.«

Wir zogen um, weil das Leben in dem alten Haus eine ständige Erinnerung an den Blitzschlag war. Die Erinnerung war so bedrückend, daß ich niemals mehr das Schlafzimmer betrat, in dem mich der Blitz getroffen hatte. Ich bat Sandy, die Tür verschlossen zu lassen, und ich weigerte mich, in die Nähe dieses Zimmers zu gehen, obwohl es das größte Schlafzimmer im Haus war.

Bevor wir das Haus verkauften, ließ ich den Teppichboden in jenem Zimmer erneuern. Ich veranlaßte dies, weil der Abdruck meines Fußes eingebrannt war, der den Wert des Hauses ebensosehr verringert hätte wie die weiße Umrißlinie eines Mordopfers. Als die Arbeiter den Teppich herausnahmen, saß ich auf dem Wohnzimmersofa. Ich hörte einen von ihnen durch die Zähne pfeifen und den anderen sagen: »Sieh dir das an!« Dann kam einer grinsend heraus und sagte: »Überall am Boden sind schwarze Linien, wo der Strom herauskam und zu den Nägeln kroch!«

Es interessierte mich nur am Rande, daß ich pleite war. Meine Eltern halfen uns, und Sandy hatte eine Arbeit, während ich selbst durch diesen Blitzschlag alles verloren hatte. Bis ich wieder etwas zu verdienen begann, hatte ich Zehntausende für Arztrechnungen ausgegeben. Sie sind bis heute nicht abbezahlt.

Ich hatte nur noch die Zentren im Sinn, die das jenseitige Wesen mir gezeigt hatte. Diese Zentren waren mein Schicksal; sie waren meine Aufgabe. Ich mußte diese Zentren bauen, auch wenn ich nicht wußte, wie ich es anstellen sollte.

Ich sprach nur noch über »die Zentren« – mit mir selbst und mit jedem, der es hören wollte, und manchmal auch mit denjenigen, die es nicht hören wollten. Sie waren der Sinn meines Lebens, und ich *mußte* sie bauen. Ich erzählte ganz genau, was bei meinem Tod geschehen war, oder ich versuchte jedenfalls, es ganz genau zu erzählen. Das meiste, was ich in jener Zeit sagte, war für andere Menschen schwierig zu verstehen. In meinem Kopf hatte ich eine ganz klare Vorstellung; doch wenn die Worte aus meinem

Mund kamen, fehlten große Stücke, so daß es klang, als ob ich Unsinn reden würde.
Trotzdem sprach ich weiterhin über die ganze Erfahrung, darüber, wie ich meinen Körper verließ und diesen himmlischen Ort besuchte, wo ich die Zukunft in Kassetten sah und mir klar wurde, daß es meine Bestimmung war, diese Zentren zu bauen. Ich beschrieb dies alles so ausführlich, weil es so fest meinem Gehirn eingeprägt war, daß ich es nicht anders erklären konnte.
Ich kann nicht sagen, wie oft ich die acht Stufen der Zentren erklärt habe. Ich erzählte von den Kassetten und den Zukunftsvisionen, die sie enthielten. »Diese Zentren können die Zukunft verändern«, sagte ich. »Sie können Angst und Furcht abbauen, die viele der Probleme dieser Welt verursachen.«
Je mehr ich redete, desto mehr spürte ich, wie die Menschen auf Distanz gingen. Selbst Sandy zog sich immer mehr zurück, und ich konnte ihr nicht einmal einen Vorwurf machen. Sie war eine schöne junge Frau, die noch das ganze Leben vor sich hatte. Warum sollte sie es für einen Mann vergeuden, der wie ein Krebs ging und von himmlischen Streßbekämpfungsprojekten faselte?
Meine Kumpels, mit denen ich so viele Jahre Fußball gespielt und Bier getrunken hatte, hörten mich jetzt wie einen Messias reden. Einer von ihnen traf den Nagel auf den Kopf, als er sagte, daß ich mich anhörte wie ein »zurückgebliebener Fundamentalist«. Und ich hörte mich wirklich so an. Sie hatten noch nie etwas von einer Nah-Todeserfahrung gehört, weshalb sie sich nicht im mindesten vorstellen konnten, was mir zugestoßen war.
Aber ich selbst hatte ja auch noch nie von einer Nah-

Todeserfahrung gehört. Aber ich hatte erfahren, daß es einen großen und mächtigen Gott gibt, und ich hatte erfahren, daß die jenseitige Welt herrlich ist. In der diesseitigen Welt lebte, atmete und spürte ich den Schmerz der Welt und der Materie.

Aber ich wußte auch, daß ich durch Liebe und mit Gottes Hilfe einen Weg aus diesem Schmerz finden konnte. Niemand konnte mir einreden, daß die Zentren nicht funktionieren würden, auch wenn sie bis dahin nur eine Vision waren. Ich wußte, daß sie funktionieren würden, denn ich hatte die Qualen jedes einzelnen der Menschen erlebt, denen sie helfen konnten. Niemand konnte mir etwas über Schmerzen erzählen. Niemand konnte mir etwas über seelische Qualen erzählen. Niemand wußte etwas über Schmerzen und Schrecken, wenn ich es nicht wußte.

Und ich wußte, daß die Zentren eine Antwort darstellten, die der Menschheit helfen konnte.

Einmal stellte mir jemand die Frage, warum ich nicht Selbstmord beginge. Ich weiß nicht mehr, wer es war, aber ich erinnere mich jedenfalls, daß ich dem Betreffenden die ganze Geschichte erzählt hatte, wie ich sie bisher erzählt habe, und er dann fragte: »Dannion, wenn es dort oben so großartig war, warum bringst du dich dann nicht um?«

Ich war keineswegs wütend über diese Frage. Sie war ja nur logisch, insbesondere weil ich meine Tage mit nichts anderem zubrachte, als das Lob des Lebens nach dem Tode zu singen. Warum beging ich nicht Selbstmord?

Bis zu diesem Zeitpunkt hatte ich eigentlich noch nicht

darüber nachgedacht. Als ich nun wie ein Zombie auf der Veranda saß, begann mir klarzuwerden, welche Veränderungen in mir infolge der Nah-Todeserfahrung eingetreten waren. Ungeachtet meines Zustands gab mir diese Erfahrung die innere Kraft zum Durchhalten. In meinen schlimmsten Augenblicken brauchte ich nichts weiter zu tun, als mich an die Liebe zu erinnern, die von jenen himmlischen Lichtern ausgegangen war, und ich fand wieder die Kraft weiterzumachen. Ich wußte, daß es falsch wäre, mir das Leben zu nehmen, aber ich hatte auch nicht im entferntesten hieran gedacht.

Wenn ich sage, daß alles besserging, dann meine ich damit, daß es irgendwo tief in meinem Innern besserging – an einem Ort, der mir die Kraft gab, mit diesen Schwierigkeiten zu leben. Für die äußere Welt war dies etwas anderes. Ich konnte kaum gehen und sah schlecht. Ich mußte tagsüber eine Schweißerbrille tragen, und ich wog nur siebzig Kilogramm, etwa dreißig Kilogramm unter meinem Normalgewicht. Mein Körper war so verkrümmt, daß ich wie ein Fragezeichen aussah. Ich eiferte wie ein religiöser Fanatiker, sprach von geistigen Wesen, einer Lichtstadt, Kassetten mit Zukunftsvisionen und natürlich von den Zentren.

Man *mußte* mich für einen Irren halten, und vielleicht hätte man mich in eine psychiatrische Klinik stecken müssen. Dies wäre vielleicht auch geschehen, wenn ich nicht in der Zeitung einen Artikel gelesen hätte, der für mein Leben wiederum eine große Veränderung brachte.

8
Eine rettende Gnade

Der Artikel war ganze vier Absätze lang, doch veränderte sein Inhalt mein Leben ebenso radikal wie der Blitzschlag. Er lautete:

> Dr. Raymond Moody spricht an der Universität von South Carolina über das Thema: »Was mit manchen Menschen geschieht, die für klinisch tot erklärt wurden, aber überlebten.«
>
> Moody, ein Psychiater aus Georgia, hat die Fälle von Menschen analysiert, die praktisch tot waren, jedoch aus ihrer Todesnähe wieder zurückkehrten und berichteten, daß sie verstorbene Verwandte und Lichtwesen sahen und daß ihr Leben in einer Rückschau an ihnen vorüberzog.
>
> Moody nennt dieses Phänomen »Nah-Todeserfahrungen«, und er sagt, daß sie möglicherweise Tausende von Menschen haben, die einmal dem Tode nahe waren.

Ich war in heller Aufregung. Zum ersten Mal nach meinem Blitzschlag hörte ich, daß ich nicht allein war. Nachdem ich diese wenigen Absätze gelesen hatte, ahnte ich, daß auch andere Menschen in jenem Tunnel waren und die Lichtwesen gesehen hatten. Ich hatte nun sogar eine Bezeichnung für mein Erlebnis – eine »Nah-Todeserfahrung«.

Ich sah nach dem Datum des Vortrags und bemerkte, daß er schon in zwei Tagen stattfinden sollte. Seit ich wieder zu Hause war, war ich nur wenige Male weggewesen, und es hatte jedesmal Probleme gegeben. Doch Dr. Moodys Vortrag wollte ich unbedingt hören. Zumindest hoffte ich auf die Chance, einmal mit jemandem zu sprechen, der verstehen würde, was ich durchmachte.

Das Jahr 1975 liegt noch nicht so weit zurück, und doch war es finsteres Mittelalter für Menschen mit Nah-Todeserfahrungen. Die Ärzte wußten wenig oder nichts darüber und taten das Ganze meist als schlechte Träume oder Halluzinationen ab, wenn die Patienten hiervon sprachen. Hörte ein Patient nicht auf, über seine Erfahrungen zu sprechen, wurde er meist an einen Psychiater verwiesen. Statt zuzuhören und zu versuchen, die Menschen zu verstehen, die solche geistigen Erlebnisse hatten, verordneten viele Psychiater Medikamente. Überraschend war auch, wie wenig Hilfe von Geistlichen kam, die solche spirituellen Erlebnisse wohl in der Regel für Teufelswerk hielten. Die Hilflosigkeit im Umgang mit solchen Erfahrungen könnte man anhand vieler Beispiele belegen. Einer der interessantesten Fälle war für mich jedoch derjenige eines Veteranen des Koreakrieges, der beinahe im Kampf ums Leben gekommen wäre. Er war in feindliches Artilleriefeuer geraten und wurde mit schwersten Kopfverletzungen ins Lazarett eingeliefert. Kurz nach der Explosion der Granate trat er aus seinem Körper aus und schwebte über dem Schlachtfeld. Er sah sich von Gefallenen und Verwundeten umgeben und empfand Trauer um seine Kameraden wie auch um den Feind. Dann spürte er, wie er mit zunehmender Geschwindigkeit an einen dunklen Ort gezogen wurde und schließlich einem hellen Licht zueilte. Bei dem Licht angelangt, war er »in schöne Empfindungen gebadet«. Er erfuhr sein Leben in einer so detaillierten Rückschau, daß er noch heute darüber erstaunt ist. »Es war wie ein Film, den ich mit allen Sinnen meines Körpers beobachtete«, sagte er. Am Ende seiner Rückschau empfing er eine spezielle Botschaft: »Liebe alle Menschen«, sagte eine Stimme in seinem Kopf. Dann kehrte er ins Leben zurück.

Nach einigen Tagen begann er von seinem Erlebnis zu erzählen, zuerst Ärzten und Schwestern, dann den anderen Patienten. Aber er redete zuviel. Die Ärzte, die nichts von Nah-Todeserfahrungen wußten, verwiesen ihn an die Militärpsychiater, die hiervon ebenfalls nichts wußten. Es dauerte nicht lange, und dieser tüchtige Soldat mit der spirituellen Botschaft »Liebe alle Menschen« fand sich in einer psychiatrischen Anstalt wieder.

Man kann verstehen, daß die Ärzte hiermit nicht umgehen konnten. Zwar wird in der Geschichte der Menschheit immer wieder von solchen Erfahrungen berichtet, doch finden sich diese Berichte in Geschichtsbüchern oder religiösen Schriften, aber nicht in der medizinischen Fachliteratur.

So können zum Beispiel verschiedene Episoden aus der Bibel nur Nah-Todeserfahrungen gewesen sein. Paulus hatte eine solche Nah-Todeserfahrung vor den Toren von Damaskus. Religiöse Führer wie zum Beispiel Päpste sammeln seit jeher Berichte von Mitgliedern der Kirche, die durch ein Nah-Todeserlebnis mit der Geisterwelt in Berührung gekommen waren. Papst Gregor XIV. war

von diesen Berichten so fasziniert, daß er mit vielen Menschen zusammentraf, die solche Nah-Todeserfahrungen hatten.
Die Mormonen haben viele solcher Erfahrungen im *Journal of Discourse* gesammelt, einem Kommentar zum Glauben der Mormonen, der von den Ältesten der Kirche verfaßt wurde. Ihre Befunde stimmen in jeder Hinsicht mit dem überein, was mir zustieß. Sie glauben, daß der Geist nach dem Tod des physischen Körpers die fünf Sinne Sehen, Fühlen, Schmecken, Hören und Riechen behält. Sie sind der Ansicht, daß wir durch den Tod frei von Krankheit und Gebrechen werden und daß der Geistkörper sich mit großer Geschwindigkeit bewegt. Gleichzeitig kann er in viele verschiedene Richtungen blicken und in anderer Weise als durch Worte kommunizieren.
Ich könnte mir vorstellen, daß diese Lehren auf persönliche Erfahrungen zurückgehen. Viele der Mormonen-Ältesten hatten selbst Nah-Todeserfahrungen oder zeichneten ausführliche Berichte hierüber von anderen Mitgliedern auf. Aus diesen Erfahrungen haben sie Schlußfolgerungen über das Leben nach dem Tod gezogen.
So wird zum Beispiel der Tod als ein »bloßer Übergang von einem Daseinszustand in einen anderen« definiert. Über Wissen und Erkenntnis heißt es in diesem Buch: »Dort werden wie hier alle Dinge natürlich sein, und man wird sie so verstehen, wie man jetzt natürliche Dinge versteht.« Es ist sogar von dem himmlischen Licht die Rede, das ich sah, und es heißt: »Die Helligkeit und Glorie der nächsten Wohnung ist unaussprechlich.«
Sie beschreiben die Nah-Todeserfahrung, ohne das Wort zu benutzen. »Manche Geister, die den Tod erfahren

haben, werden in ihren physischen Körper zurückgerufen«, heißt es im *Journal*. »Diese Menschen gehen zweimal durch den natürlichen oder zeitlichen Tod hindurch.« Von einer solchen Erfahrung auf seinem Totenbett berichtet Jediah Grant im *Journal*. Sein Freund Heber Kimball hat sie folgendermaßen aufgezeichnet:

> Er sagte zu mir: »Bruder Heber, ich war zwei Nächte nacheinander in der geistigen Welt, und von allen Schrecken, die je über mich kamen, war es der schrecklichste, wieder in meinen Körper zurückkehren zu müssen, aber ich hatte keine Wahl.«
>
> Er sah seine Frau, und sie war die erste, die auf ihn zukam. Er sah viele Bekannte, sprach aber nur mit seiner Frau Caroline. Sie kam auf ihn zu, und er berichtete, daß sie schön war und ihr kleines Kind, das in der Prärie umgekommen war, im Arm hatte. Sie sagte: »Mr. Grant, hier ist die kleine Margaret. Sie wissen, daß die Wölfe sie verschlangen, aber sie wurde dadurch nicht verletzt: Hier ist sie, und es fehlt ihr nichts.«

Wiewohl Nah-Todeserfahrungen seit Jahrtausenden bekannt sind, fanden sie erst in den 60er Jahren in den medizinischen Bereich Eingang, als die Fortschritte der medizinischen Technik es ermöglichten, dem Tode nahe Menschen wieder in das Leben zurückzuholen. Plötzlich konnten Menschen, die einen Herzschlag erlitten oder bei einem Autounfall schwerste Verletzungen davongetragen hatten, durch eine Kombination von High-Tech-Apparaten, Medikamenten und ärztlicher Kunst gerettet werden. Menschen, die früher gestorben wären, überlebten. Als sie wieder zu Bewußtsein kamen, ähnelten ihre Berichte einander in hohem Maße. Das Problem war aber, daß die meisten Ärzte diese Erfahrungen ignorierten und die Patienten zum Pfarrer schickten oder ihnen sagten, daß so etwas nicht möglich sei. Diese Zauberer der Apparatemedizin waren für praktisch jedes körperliche Problem gerüstet, während geistige Probleme jenseits ihres Horizonts lagen.

Dr. Moody war schließlich derjenige, der beschloß, diesen Geschichten zuzuhören und sie zu analysieren. Seine erste Begegnung mit einer Nah-Todeserfahrung hatte er im Jahre 1965, als er an der Universität von Virginia Philosophie studierte. Er hörte Dr. George Ritchie, einen dort ansässigen Psychiater, über eine außerordentliche Nah-Todeserfahrung sprechen, die er beim Militär aufgrund einer Lungenentzündung hatte. Der junge Soldat Ritchie verließ seinen Körper (die Ärzte hatten ihn für tot erklärt), und er bemerkte, daß er über das Land reiste, wobei sein Geist wie ein Tiefflieger überallhin eilen konnte. Als er in das Militärhospital in Texas zurückkehrte, in dem er gestorben war, suchte er überall nach seinem Körper. Schließlich konnte er ihn finden, nicht weil er sein Gesicht erkannt hätte, sondern weil er sich an den Ring an seinem Finger erinnerte.

Ritchies Erfahrung faszinierte Moody so sehr, daß ihn dies nicht mehr losließ. 1969 begann er hierüber vor Philosophiestudenten zu sprechen. Nach einer Vorlesung kam ein Student zu ihm und berichtete ihm von einer Erfahrung, die er an der Schwelle des Todes hatte. Moody war erstaunt darüber, wie sehr sie dem Erlebnis von Dr. Ritchie ähnelte. In den nächsten drei Jahren erfuhr er von etwa acht weiteren Fällen.

Moody studierte dann Medizin, sammelte aber weiterhin solche Berichte von Menschen, die wußten, daß er sich für ihre Erfahrungen nach dem Tode interessierte. Schließlich hatte er über 150 Berichte gesammelt.
Moody veröffentlichte die meisten dieser Berichte in seinem Buch *Leben nach dem Tode*, das die sogenannten *Nah-Todesstudien* in die Medizin einführte. Das Buch enthält wichtige Erkenntnisse für die Menschheit und wurde in der ganzen Welt in Millionenauflage verkauft. Kein informierter Arzt konnte von da an einem Patienten mehr sagen, daß die Geisterwelt, die er vor seiner Wiederbelebung erlebt hatte, nur ein Traum gewesen sei.
Moody nannte diese Erlebnisse »Nah-Todeserfahrungen«. Er beschrieb sie näher, indem er in allen Fallstudien, die er gesammelt hatte, nach gemeinsamen Elementen suchte. Er entdeckte fünfzehn solcher immer wiederkehrender Elemente, wobei niemand von allen fünfzehn Elementen berichtete; einzelne hatten jedoch bis zu zwölf dieser Elemente erlebt. Nach dem Erscheinen von *Leben nach dem Tode* wurden diese Elemente zusammengefaßt und auf neun gemeinsame Merkmale reduziert:

Die Empfindung, tot zu sein, wobei der Betreffende weiß, daß er tot ist.
Ein Gefühl des Friedens und der Schmerzfreiheit, wobei der Betreffende starke Schmerzen haben müßte, aber feststellt, daß er seinen Körper nicht mehr spürt.
Eine außerkörperliche Erfahrung, wobei der Geist oder die Essenz des Betreffenden über seinem Körper schwebt und er Ereignisse beschreiben kann, die er eigentlich nicht wahrgenommen haben *konnte*. Wie ich über Sandy

schwebte und zusah, wie sie gegen meine Brust hämmerte und wie ich im Krankenhaus in meinen toten Körper zurückkehrte, sind zwei Beispiele für meine eigene AKE (Außerkörpererfahrung).

Eine Tunnelerfahrung, wobei der »Tote« die Empfindung hat, daß er mit hoher Geschwindigkeit in einen Tunnel hineingezogen wird. Dies geschah mir in der Notfallaufnahme. Nachdem ich gesehen hatte, daß ich tot war, gelangte ich über einen Tunnel in die geistige Welt.

Wahrnehmung von Lichtmenschen. Am Ende des Tunnels tauchen oft verstorbene Angehörige auf, die aus Licht zu bestehen scheinen. In meinem Fall waren es viele Menschen wie ich selbst, die aus Licht bestanden, doch waren keine verstorbenen Verwandten dabei.

Begrüßung durch ein besonderes Lichtwesen. In meinem Fall paßt der geistige Führer, dem ich am Ende des Tunnels begegnete, auf diese Beschreibung. Er führte mich in die geistige Welt und wieder aus ihr heraus, und er war für meine Lebensrückschau verantwortlich. Andere Menschen sprechen davon, daß sie in einen Park oder Wald gehen und dort dem Lichtwesen begegnen.

Die Lebensrückschau, wobei der Betreffende sein gesamtes Leben sieht und die erfreulichen und unerfreulichen Aspekte erfährt. In meinem Fall geschah dies durch den Kontakt mit meinem geistigen Führer.

Der Widerwille zurückzukehren. Auch ich wollte nicht zurückkehren. Aber die Lichtwesen drängten mich dazu und erteilten mir die Aufgabe, die Zentren zu bauen.

Eine Persönlichkeitstransformation. Für die meisten Menschen eine positive Erfahrung, weil sie aufhören, Dinge wie die Natur und die Familie als Selbstverständlichkeit zu betrachten. Ich erfuhr eine solche Transformation, aber eine Transformation, die in den Augen der meisten Menschen negativ ausfiel. Meine Erfahrung und meine neue Mission auf der Erde, nämlich der Bau der »Zentren«, wurden zu einer Obsession. Diese Obsession führte zu Frustrationen, weil ich nicht wußte, wie ich diese Zentren bauen sollte.

Bei seiner Arbeit an dem Buch *Leben nach dem Tode* war Moody nie jemandem begegnet, der alle Elemente einer Nah-Todeserfahrung erlebt hatte. Ich war wohl der erste. Ich begab mich also in meinem üblichen Aufzug zu der Universität, an der Moody sprach. Ich muß ein denkwürdiger Anblick gewesen sein. Weil ich wußte, daß bei solchen Veranstaltungen manchmal ein sehr grelles Licht herrschte, erschien ich mit meiner Schweißerbrille. Um die Schultern trug ich einen langen Marine-Trenchcoat, der bis zur Mitte meiner Waden herabreichte. Vor mir hatte ich zwei Spazierstöcke, mit denen ich auf der Suche nach dem richtigen Saal den Korridor der Universität entlangklapperte.

»Der sieht ja aus wie eine Gottesanbeterin!« rief jemand, als ich den Vortragssaal betrat. Es waren etwa sechzig Menschen im Raum, und ich setzte mich nach hinten, um nicht vorne alle Blicke auf mich zu ziehen. Dort saß ich nun und hörte, wie Moody über meine Geistesverwandten sprach. Er war damals gerade an der Arbeit an *Leben nach dem Tode*, und das Erstaunen in seiner Stimme über seine eigenen Forschungen ergriff jeden im Saal. Für mich war dies besonders aufregend, denn ich selbst war an jenem Ort gewesen. *Ich war nicht der einzige!*

Dr. Moodys Vortrag gab mir neue Energie. Die Belastungen hatten mich mürbe gemacht, und ich war kurz vor dem Aufgeben. Ich hatte alles verloren, ich wußte nicht, was ich anfangen und wohin ich gehen sollte, und plötzlich stand hier ein Retter, jemand, der verstand, was ich durchmachte.

Am Ende seines Vortrags trat Dr. Moody nach vorne und fragte: »Ist jemand hier in diesem Raum, der eine ähnliche Erfahrung hatte?«

Ich hob die Hand.

»Ich habe so etwas erlebt«, sagte ich in meiner stockenden Sprache. »Ich wurde vom Blitz erschlagen.«

Zu meiner Überraschung hatte Dr. Moody einen Zeitungsartikel über meinen Fall gelesen und erinnerte sich daran. Er sammelte mögliche Fallstudien, und hierzu schnitt er unter anderem Zeitungsartikel über Menschen aus, die durch einen schweren Unfall an den Rand des Todes kamen. Er wollte schon seit einiger Zeit Kontakt mit mir aufnehmen.

»Kann ich zu einem Interview zu Ihnen kommen?« fragte er.

»Natürlich«, sagte ich. »Dann könnte ich wenigstens einmal mit jemandem reden, der nicht davonlaufen wird.«

Der ganze Saal lachte. Alle fanden dies lustig, bis auf Dr. Moody und mich. Er schien genau zu verstehen, wie es mir erging. Wer unter die Schweißerbrille hätte blicken können, hätte gesehen, daß ich den Tränen nahe war. Statt dessen begann ich ebenfalls zu lachen. Ich versuchte, das Schütteln zu unterdrücken, aber der Reiz war so stark, daß ich fast brüllte vor Lachen.

»Was ist denn so lustig?« fragte jemand neben mir.

»Wenn mir jemand vor einiger Zeit etwas von einer Nah-Todeserfahrung erzählt hätte, hätte ich darüber gelacht«, sagte ich. »Jetzt bin ich derjenige.«

9
Ein geschenktes Leben

Freunde beschrieben mir Dr. Raymond Moody als eine Mischung zwischen Donald Duck und Sigmund Freud. Er ist brillant und komisch zugleich, ein Mann, der die Werke Platons mit Einzeilern garnieren kann. Raymond war ein so herausragender Student, daß er am Medical College von Georgia bereits unterrichtete, als er selbst noch studierte.

Raymonds Intelligenz und sein Humor wurden mir sofort deutlich, als er etwa eine Woche später zu mir kam. Er fuhr mit einem alten blauen Pontiac vor, dessen Türen ganz mit Wachsmalstiften bemalt waren. Sie zeigten Comic-Figuren, die seine Söhne geschaffen hatten. Diese ähnelten Zeichnungen in prähistorischen Höhlen.

»Er fährt Fred Feuersteins Auto«, dachte ich, als ich durch den Vorhang schaute.

Er kam die Vortreppe herauf und klopfte dröhnend an die Tür. Ich war schon auf, aber es dauerte einige Minuten, bis ich mich zur Haustür vorgekämpft hatte. Raymond wartete geduldig, während ich durch das Zimmer schlurfte und die Tür öffnete.

Als er das Wohnzimmer sah, war es Liebe auf den ersten Blick. Ich hatte sieben Schaukelstühle, und ich bekam bald heraus, daß Raymond immer in einem Schaukelstuhl sitzt, wenn er ernsthaft nachdenkt.

Er setzte sich in einen Eichenstuhl mit gerader Lehne und großen Kufen, und ich nahm ihm gegenüber in einem gepolsterten drehbaren Schaukelstuhl Platz. So schaukelten und sprachen wir acht Stunden lang über meine Erlebnisse und Nah-Todeserfahrungen im allgemeinen. *Leben nach dem Tode* war noch nicht erschienen, doch hatte Raymond damals schon einige neue Ideen für sein nächstes Buch.

Bevor er mir von seinen Büchern erzählte, befragte er mich über meine Erlebnisse. Damit, wie er mir erklärte, später niemand sagen könnte, daß mein Bericht von den Befunden beeinflußt gewesen wäre, die er bereits für sein Buch gesammelt hatte.

Er interviewte mich in einer sehr nüchternen Weise, stellte neutrale Fragen und reagierte scheinbar ungerührt. Er zeigte keinerlei Gefühlsregung, als ich ihm von meinen Erlebnissen berichtete und den Entwicklungen, die sich hieraus ergaben. Er bat mich nur, weiter zu erzählen, bis es nichts mehr zu erzählen gab.

Das Ziel dieser Form von Interview ist es, den Befragten davon abzuhalten, seine Geschichte auszuschmücken. Indem er kurze, neutrale Fragen stellte und jeden Hinweis auf Nah-Todeserfahrungen anderer unterließ, konnte Raymond die Gewißheit haben, daß nichts von den Erfahrungen anderer in meinen Bericht einging.

Natürlich war die nüchterne Vorgehensweise Raymonds die beste Art, die Wahrheit zu erfahren, doch war es für mich irritierend, da ich gewohnt war, daß die Menschen vor Staunen den Mund aufrissen, wenn ich von meinen Erlebnissen erzählte. Raymond dagegen saß mit unbewegtem Gesicht da und hörte mir einfach zu. Er war

weder alarmiert noch überrascht, als ich ihm von den Lichtkathedralen erzählte. »Ja, ja, davon habe ich schon einmal gehört«, sagte er nur. Als ich von den Hallen der Erkenntnis berichtete, zuckte er mit keiner Wimper.
Ich erzählte ihm von der Schönheit und Herrlichkeit der Geisterwelt und wie alles Licht dort Erkenntnis war. Ich erzählte davon, daß wir für diese himmlischen Geister »mächtige spirituelle Wesen« sind, die großen Mut beweisen, indem sie auf diese Erde kommen.
Ich kann mich an einiges noch ganz genau erinnern, was ich zu ihm sagte: »Ich wußte alles in der Welt und im Universum. Ich kannte das Schicksal aller Dinge in der Welt, auch solch einfacher Dinge wie Regentropfen. Wissen Sie, daß es keinen einzigen Regentropfen gibt, dessen Schicksal es nicht wäre, wieder in das Meer zurückzugelangen? Genau dies versuchen wir zu tun, Raymond. Wir sind nichts als Regentropfen, die versuchen, zu ihrem Ursprung zurückzukommen, an den Ort, von dem wir gekommen sind.«
»Wer hierher kommt, ist mutig, denn er möchte sich in einer Welt erproben, die im Vergleich zum ganzen Universum sehr beschränkt ist. Die Geister sagen, daß jeder, der hier ist, eine hohe Meinung von sich haben darf.«
Ich erwähnte ihm gegenüber die Kassetten der Erkenntnis, aber ich sagte ihm nicht, welche Informationen sie enthielten. Ich fuhr an dieser Stelle so rasch mit meinem Bericht fort, daß ich die Einzelheiten überging.
Dann erzählte ich ihm von den Zentren, insbesondere von dem Bett. Ich hatte nichts anderes mehr im Kopf als das Bett; ich fragte mich, woher ich die Teile bekommen würde, ich fragte mich vor allen Dingen, *welches* die Teile

überhaupt waren, denn ich konnte sie sehen, aber sie nicht wirklich identifizieren.
Ich erzählte Raymond alles, und ich erzählte mit einem solchen hektischen Eifer, daß es wie ein furchterregender Wortschwall, wie der Redestrom eines Menschen gewirkt haben muß, der nicht ganz bei Trost ist. Ich weiß, daß mein Bericht bei allen anderen Menschen einen solchen Eindruck erweckte, weil sie mir entweder ins Gesicht sagten, daß ich wie ein Irrer reden würde, oder weil sie mir künftig aus dem Weg gingen. Bei Raymond war dies nicht der Fall. Er hörte auf zu schaukeln, beugte sich vor und blickte mir tief in die Augen.
»Sie sind nicht verrückt«, sagte er. »Ich habe noch nie einen so ausführlichen Bericht wie von Ihnen gehört, aber ich habe andere Berichte mit den Elementen Ihrer Geschichte gehört. Sie sind nicht verrückt. Sie haben einfach etwas erlebt, das Sie aus der Masse heraushebt. Es ist, wie wenn man ein neues Land mit anderen Menschen entdekken würde und seine Mitmenschen davon überzeugen müßte, daß es einen solchen Ort gibt.«
Den Rest des Tages erzählte Raymond von einigen der Fälle, die ihm während seiner Forschungen begegnet waren. Das Studium dieser Erfahrungen und die Veröffentlichungen hierüber hatten Raymonds Leben dramatisch verändert. Sein Buch war noch nicht einmal erschienen, nur ein Zeitungsartikel über seine Arbeit in der *Atlanta Constitution*, als sich unzählige Anrufer bei ihm meldeten, die NTEs gehabt hatten. Dies war eine neue Erfahrung für Raymond, der bis dahin ein ruhiges, fast beschauliches Leben geführt hatte. »Wenn dieses Buch erscheint, werde ich für mich selbst überhaupt keine Zeit mehr haben«,

sagte Raymond. Dieser Verlust an persönlicher Freiheit machte Raymond Sorgen, insbesondere hinsichtlich seiner Studien. Wie ich später herausfand, gibt es zwei Dinge, die Raymond liebt: Lesen und Nachdenken.

Nachdem Raymond an diesem Tag weggegangen war, änderte sich meine Haltung entscheidend. Ich begann mich zu wehren. Ich versuchte, mein Selbstmitleid zu beenden. Dies war keine geringe Aufgabe, weil ich so schwere körperliche Schäden davongetragen hatte, daß ich nicht im Traum daran denken konnte, jemals wieder ganz hergestellt zu sein. Aber statt mich so zu verhalten, wie wenn ich einen vernichtenden Schlag erhalten hätte, begann ich mich mit den positiven Seiten meines Lebens zu beschäftigen, damit, wie ich meine Verletzungen überwinden konnte. So brauchte ich jetzt zum Beispiel zwanzig Minuten bis zur Diele und zum Badezimmer, während ich es noch vor einigen Wochen oft nicht mehr rechtzeitig zur Toilette schaffte. Das Licht tat meinen Augen noch weh, aber dies wurde jeden Tag besser. Meine Hände wurden wieder beweglicher und kräftiger, und der generalisierte Schmerz durch die Verbrennungen des Blitzschlags ließ allmählich nach.
Psychisch machte ich noch schnellere Fortschritte. Mein Rededrang begann nachzulassen. Ich erzählte zwar immer noch jedem, der zuhören wollte, von meinem Erlebnis, doch redete ich nicht mehr wie ein wahnsinnig gewordener fundamentalistischer Prediger. Durch Raymonds Verständnis und das Wissen, daß es viele andere gab, die ähnliches erlebt hatten, mußte ich niemanden mehr davon überzeugen, daß ich wirklich diese Erfahrung gemacht

hatte. Ich begann, die Bibel zu lesen und befaßte mich mit den Visionen, von denen in der Schrift die Rede ist. Ich las auch *Leben nach dem Tode*, das mir Raymond als Manuskript gab.

Raymond und ich sprachen jetzt fast täglich miteinander. Während eines unserer Telefongespräche erinnerte er sich daran, daß ich ihm nichts über die Zukunft erzählt hatte, die mir in den Kassetten geoffenbart worden war. Er fragte mich, ob ich ihm hierüber noch erzählen wollte. Wir verabredeten einen Termin.

Einige Tage später besuchten Sandy und ich Raymond in seinem Haus. Er bat uns in das Wohnzimmer und bot uns Sodawasser an. Dann sprachen wir über die dreizehn Kassetten und was sie gezeigt hatten. Ich erzählte ihm von einem großen Krieg, der in den 90er Jahren in den Wüsten des Nahen Ostens stattfinden würde, bei dem ein großes Heer vernichtet und das Antlitz dieses Teils der Welt verändert werden würde. Ich erzählte ihm von dem Zusammenbruch der Sowjetunion, daß es dort Hungeraufstände und politische Unruhen geben würde, während die Regierung versuchte, den Kommunismus durch ein neues politisches System zu ersetzen. Ich erzählte ihm, wie die Welt immer mehr dem Balkan gleichen werde und große Staaten sich zu kleinen politischen Gebilden zersplittern würden. Ich beschrieb den Inhalt einer jeden Kassette, die die Geistwesen mir zeigten, wie ich es in diesem Buch beschrieben habe.

Unsere Gespräche zogen sich über mehrere Abende hin. Raymond saß in seinem Stuhl und schaukelte und machte sich gelegentlich Notizen. Er schrieb auch einen großen Teil dessen auf, was ich erzählte, hörte zu und nickte. Eine der besonderen Fähigkeiten Raymonds liegt darin, daß er zuhören kann. Er weiß, daß die Menschen gerne reden und daß man die Wahrheit über jemanden am besten dadurch erfährt, indem man ihn reden läßt und alles aufnimmt. Er hörte also zu, und ich redete.

Dann schockierte ich ihn. Ich sagte ihm, daß wir an dem Tag beisammen sein würden, an dem der Zusammenbruch der Welt anfinge. Dann würden wir wissen, daß alle Visionen, die ich durch die Kassetten hatte, Realität geworden waren.

»Wo werden wir sein?« fragte Raymond.

»Wir werden in der Sowjetunion sein, wenn sie zusammenbricht«, sagte ich. »Wir werden dort sein, und wir werden erleben, daß dies alles wahr ist.«

»Aha«, sagte er, und er schrieb etwas in seinem Notizbuch auf. Ich weiß nicht, ob er glaubte, was ich sagte, und ich konnte es mir auch selbst kaum vorstellen. Die Sowjetunion war in den siebziger Jahren ein geschlossenes Land, und Amerikaner bekamen nur sehr schwer ein Visum. Zusätzlich machte es meine nachrichtendienstliche Tätigkeit für die amerikanische Regierung unwahrscheinlich, daß ich jemals in dieses Land würde reisen können, höchstens im Rahmen eines offiziellen Besuches. Raymonds Bücher wiederum waren in der Sowjetunion verboten und galten als subversiv.

Trotzdem stand ich in der Vision mit einem Mann, den ich nicht identifizieren konnte, in den Straßen Moskaus und sah Menschen, die um Essen Schlange standen. Als ich an jenem Abend bei Raymond saß, hatte ich die intensive Empfindung, daß der Mann, der in dieser Momentaufnahme bei mir war, Raymond war.

Und es wurde Wirklichkeit. 1992 besuchte ich mit Raymond Moskau, kurz nach dem Zusammenbruch des Kommunismus, und ich sah verarmte Russen, die um einen ganzen Häuserblock herum Schlange standen mit der vagen Hoffnung, in ein Geschäft zu kommen und irgend etwas Eßbares kaufen zu können. Damals sah mich Raymond überrascht an, als er sich an jenen Abend fast fünfzehn Jahre zuvor erinnerte. »Das ist es!« sagte er. »Dies ist die Vision, die du in den Kassetten sahst!«

Diese ersten Besuche bei Raymond zählen zu meinen schönsten Erinnerungen. Sandy und ich saßen mit Raymond, seiner Frau und ihren beiden Söhnen bei Tisch. Obwohl ihn ständig andere Leute anriefen, die über ihre Erfahrungen sprechen wollten, hatte ich bei Raymond einen besonderen Stein im Brett.

Weil sich Raymond mit diesem Thema beschäftigte, war er für viele Menschen die einzige Hoffnung, daß er sie verstehen würde. Man darf nicht vergessen, daß damals praktisch niemand über solche Erfahrungen sprach, und diejenigen, die es taten, wurden für verrückt erklärt. Die Menschen wandten sich an Raymond, weil er ein Arzt war, der sie verstand.

Die Menschen am Telefon hatten etwas Flehendes in ihrer Stimme, das Raymond weh tat. Wenn sie ihm erzählten, wie sie dem Tod nahe waren, legte Raymond oft seine Hand auf den Mund und sagte: »O nein!«, und es war deutlich, wie sehr ihn das Gehörte berührte. Er empfand wirkliches Mitgefühl für diese Menschen und sprach zu ihnen wie mit Angehörigen.

Er stand vom Essen auf, um einen solchen Anruf entgegenzunehmen, und er bat den Anrufer niemals, doch später nochmals anzurufen.

Ich hörte immer nur, was Raymond während dieser Gespräche sagte, und ich hörte Bemerkungen wie »Ja, viele Menschen, mit denen ich gesprochen habe, haben am Ende dieses Tunnels verstorbene Verwandte gesehen«, oder »Es ist häufig der Fall, daß man bei Nah-Todeserlebnissen seinen Körper verläßt«.

Es hatte für mich etwas Beruhigendes, Raymond mit anderen Menschen über Nah-Todeserfahrungen sprechen zu hören. Es wurde mir klar, daß diese Menschen über ihre Erfahrungen ebenso fassungslos waren wie ich. Ich spürte, wie ich mich immer mehr entspannte.

Je mehr ich mich mit Raymond befreundete, desto mehr erzählte ich ihm von den Zukunftsvisionen, die ich empfangen hatte. Und ich sprach sehr ausführlich von Tschernobyl bis zu den Kriegen. Ich glaube nicht, daß er erwartete, daß irgendeine der Visionen wahr werden würde; aber er notierte sie sich, und dies bedeutete eine große Hilfe, als die Visionen später Wirklichkeit wurden.

10
Leidensgenossen

Mit dem Erscheinen seines Buches, *Leben nach dem Tode*, im Jahre 1975, war es mit Raymond Moodys ruhigem Leben schlagartig vorbei. Er arbeitete als Assistenzarzt in Charlottesville an einer psychiatrischen Klinik, als eine Flut von Anfragen aus allen Himmelsrichtungen über ihn hereinbrach. Die Medien wollten Interviews, Organisationen und Universitäten wollten ihn als Vortragsredner, und wie üblich gab es viele Menschen, die einfach mit ihm reden wollten. Durch die Beanspruchung der Assistentenstelle konnte Raymond auf viele dieser Anfragen nicht sofort reagieren.

Eines Tages rief mich Raymonds erste Frau Louise an und fragte mich, ob ich ihm helfen könnte. Er brauchte jemanden, der ihn bei der Planung der Vorträge und Interviews unterstützen könnte, jemanden für die organisatorischen Dinge, mit denen er sich selbst weder beschäftigen konnte noch wollte. Dies war Ende 1976, und ich hatte enorme Fortschritte gemacht. Meine Ärzte sagten nicht mehr, daß ich bald sterben würde, auch wenn sie meinten, daß die Herzschäden, die ich erlitten hatte, meine Lebenserwartung verkürzen würden. Ich trug keine Schweißerbrille mehr, sondern nur im Freien eine sehr dunkle Sonnenbrille. Ich benötigte jetzt nur noch einen Gehstock, jedenfalls die meiste Zeit, und ich konnte wieder zusammenhängend sprechen, ohne in ein hilfloses Gestammel über die »Lichtstädte« und meine Zukunftsvisionen zu verfallen. Dies bedeutete natürlich nicht, daß ich irgend etwas davon vergessen hätte. Mein Nah-Todeserlebnis war ständig gegenwärtig – etwa fünf Zentimeter vor meinem Gesicht. Aber ich konnte mich jetzt beherrschen und dann darüber sprechen, wenn es angemessen war. Raymond half mir dabei, indem er mir sagte, ich solle aufhören, mich für Jesus Christus zu halten, und erst dann von meinen Erlebnissen sprechen, wenn man mich darum bitten würde.

Ich ging nach Charlottesville, um Raymond zu helfen. Es gab Zeiten, in denen Raymond nicht aus seiner Bibliothek herauskam, und dies war jetzt der Fall. Er arbeitete intensiv an seinem zweiten Buch, *Nachgedanken über das Leben nach dem Tod*, und er wollte nicht gestört werden. So hatte ich eine Menge zu tun. Ich nahm Anrufe entgegen, lehnte Interviewanfragen ab und stellte einen Vortragsplan auf, der Raymond um die ganze Welt führte. Ich selbst war bei vielen dieser Vorträge dabei. Ich wollte aus organisatorischen Gründen dort sein, doch bot mir dies auch die Gelegenheit, mit Hunderten von »Leidensgenossen« zusammenzutreffen, die Nah-Todeserfahrungen hatten und jetzt erstmals mit anderen sprechen konnten, die über ebensolche Erfahrungen verfügten.

Dies ist ein Luxus, der nur erstaunlich wenigen Menschen vergönnt ist. Selbst heute noch, wo die Erfahrung anerkannt wird, kommen nur wenige »Wissende« zusammen. Die damaligen Zusammenkünfte hatten bemerkenswerte Ergebnisse.

So kam zum Beispiel auf einer Vortragsreise nach Washington, D.C., eine Frau nach Raymonds Vortrag zu mir und erzählte mir ihr Erlebnis:

> Als ich eine junge Frau war, gingen wir nach Kalifornien, um dort unseren Urlaub zu verbringen. Schon vor der Abreise hatte ich rechts im Bauch starke Schmerzen, die während des Urlaubs immer schlimmer wurden. Schließlich brachte mich mein Mann ins Krankenhaus.
>
> Der erste Arzt, der mich untersuchte, sagte, daß mein Blinddarm kurz vor dem Durchbrechen sei. Der zweite Arzt, der mich untersuchte, meinte, meine Schmerzen seien durch eine Infektion verursacht. Der dritte schließlich sagte, daß es sich um eine Tubenschwangerschaft handele. Einig waren sich jedoch alle drei, daß sofort operiert werden müsse.
>
> Auf dem Operationstisch stellte sich heraus, daß die erste Diagnose richtig war. Mein Blinddarm war durchgebrochen, und in meinem Bauch hatte sich ein Entzündungsherd in der Größe einer kleinen Melone gebildet.
>
> Ich lag über einen Monat im Krankenhaus, die meiste Zeit im Koma. An einem dieser Tage wurde meinen Angehörigen mitgeteilt, daß mein Ableben zu befürchten sei. Sie versammelten sich um mein Krankenbett, und es sah so aus, als ob die Ärzte recht behalten würden. Ich hatte eine Lungenentzündung, mein Kreislauf war zusammengebrochen, und meine Atmung drohte zu versagen.
>
> Ich hörte alles, was im Zimmer vor sich ging. Ich hörte, wie meine Familie weinte und betete, und ich konnte die Schwestern reden und die Ärzte kommen und gehen hören. Es war, wie wenn ich völlig bei Bewußtsein wäre; ich konnte nur nicht reagieren.

Dann hob ich plötzlich ab! Es war wie auf einer Achterbahn. Ich raste steil nach oben, und es war einfach ein herrliches Gefühl! Als wir anhielten, war ich an einem Ort, der so wirklich war wie die Stadt, in der ich jetzt wohne. Ich wußte, wo ich war: im Himmel!

Ich ging über eine Wiese, deren Gras sich sanft im Wind wiegte, bis ich zu einem Engel kam. Er war über zwei Meter groß. Wir gingen zusammen, und es schlossen sich uns andere Menschen an, die ebenfalls gestorben waren. Ich traf meinen Großonkel und meinen älteren Bruder, die beide in den letzten zehn Jahren gestorben waren. Wir kamen so natürlich zusammen, wie wenn wir hier auf der Erde wären. Der Engel und ich gingen einen Hügel hinauf. Er öffnete ein herrliches Tor, und wir gingen hinein. Ich stand in einem sehr hellen gelben Licht. Hier gab es keine Etikettierungen. Niemand fragte mich, welcher Kirche ich angehörte; ich wurde einfach gebeten hereinzukommen. Ich blickte in einen Raum, der von gleißendem Licht erfüllt war, und ich sah etwas, das ich für das Licht des Vaters hielt. Es war so hell, daß ich nicht hinsehen konnte.

Als ich mich abwandte, sah ich, daß sich das Licht auf einer kristallenen Straße spiegelte, die in die Mitte einer Stadt führte. Ich sah noch viele weitere Dinge; eines der interessantesten war, daß Gebete diese himmlische Welt wie Lichtstrahlen durchströmten. Es war schön zu sehen, was aus unseren Gebeten wird.

Diese Frau erholte sich ganz plötzlich wieder. Sie erwachte aus dem Koma und erzählte, was sie erlebt hatte. Ihr Arzt wurde aus seiner Wohnung ins Krankenhaus zurückgerufen. Es war ihm sehr peinlich, daß er bereits den

Totenschein ausgestellt hatte und diesen wieder »ent-unterschreiben« mußte, wie sie es ausdrückte. Bei seiner Ankunft war die Frau sehr aufgeregt und erzählte ihm, was sie erlebt hatte. Zu ihrer Überraschung war er keineswegs beeindruckt.

Am Ende unseres Gesprächs begann sie zu weinen. »Wissen Sie«, sagte sie zu mir, »ich habe meinem Arzt dies erzählt, und er sagte zu mir: ›Liebe Frau, so etwas müssen Sie mit Ihrem Pfarrer besprechen.‹ Ich sprach mit meinem Pfarrer, und er sagte: ›Liebe Frau, so etwas müssen Sie mit Ihrem Arzt besprechen.‹«

Als sie dies sagte, mußten wir beide lachen.

Ich hörte noch viele weitere Geschichten. In Chicago erzählte mir ein Mann folgendes:

> Bei einer Bypassoperation erlebte ich etwas, was eine außerkörperliche Erfahrung gewesen sein muß. Die Ärzte erzählten mir später, daß sie solche Schwierigkeiten hatten, mein Herz wieder zum Schlagen zu bringen, daß sie kurz davor standen, mich für tot zu erklären.
>
> Ich hatte ein sehr lebhaftes Erlebnis. Ich wurde in einen großen Raum gebracht, der wie Gold glänzte. Ich blickte mich um und sah Tausende von Gesichtern, die mich wie Bilder umgaben. Eines dieser Bilder erregte meine Aufmerksamkeit. Ich erhob mich und betrachtete es. Es war das gütigste Gesicht, das ich jemals gesehen habe, und weil ich immer ein religiöser Mensch war, glaube ich, daß es vielleicht König David oder auch König Salomon war, aber ich weiß es wirklich nicht.
>
> Als ich jedenfalls dieses Bild betrachtete, hörte ich einen

mächtigen Chor mit Tausenden von Stimmen. Es war die schönste Musik, die ich jemals gehört habe. Ich wandte mich um und sah Tausende von Menschen, die aus voller Kehle sangen.

Seine Erfahrung war für diesen Mann die Bestätigung für ein Leben nach dem Tode, auch wenn andere dies anders interpretierten. »Einige Tage später erzählte ich meiner Tante, was geschehen war, und sie wurde weiß wie die Wand«, berichtete der Mann. »Sie sagte: ›Behalte dies ja für dich. Solche Dinge können nur Menschen zustoßen, die Umgang mit dem Teufel haben.‹«

Ein Mann in Atlanta hatte einen Motorradunfall, bei dem er einen Leberriß erlitt. Das Blut ergoß sich aus der Leber in seine Bauchhöhle, und er wurde bewußtlos. Es dauerte einige Zeit, bis der diensthabende Arzt aufhörte, den Schädel des Mannes zu untersuchen, und entdeckte, daß eine innere Blutung vorlag. Bis er in den Operationssaal kam, hatte er so viel Blut verloren, daß er tot sein mußte. Während die Ärzte zu schneiden begannen, erlebte dieser Mann, wie er in ein himmlisches Licht getragen wurde. Er konnte sich umdrehen und sah, wie die Ärzte unter ihm sich an seinem Körper zu schaffen machten. Er erinnerte sich an seine Empfindung, daß er eigentlich hätte Angst haben müssen, aber er hatte keine Angst.
»Eine Stimme redete auf mich ein, daß ich mir nichts zu denken bräuchte, daß alles gutgehen würde. Dann drehte ich mich gewissermaßen um und ließ mich wieder in meinem Körper nieder. Ich sprach mit meinem Arzt darüber, und er blickte nicht einmal von seinem Manu-

skripthalter auf. Er grinste nur wissend und sagte: ›Das haben Sie wahrscheinlich einfach geträumt.‹«
Die Wissenschaftler sind sich heute einig, daß Nah-Todeserfahrungen *keine* Träume sind. Träume treten bei Menschen auf, die schlafen, und sie sind mit bestimmten Gehirnwellen verbunden. Die Antwort des Arztes war für diesen Mann unbegreiflich, der sehr wohl den Unterschied zwischen Traum und Wirklichkeit kannte. Seine Erfahrung war wirklich, und erst jetzt, als er in Gesellschaft anderer war, die ähnliches erlebt hatten, erhielt er die Bestätigung für die Realität seines Erlebnisses.

Auch Krankenschwestern meldeten sich. Ich habe festgestellt, daß Ärzte diese Erfahrungen meist ignorieren, während Schwestern zuhören und versuchen, mit Hilfe dieser Erfahrungen die Genesung der Patienten zu fördern.
So erzählte mir zum Beispiel eine Schwester in Kalifornien von einer Patientin mit Krebs im Endstadium, die eine Vision hatte. Sie sah ihre Tante, die seit über zehn Jahren tot war, am Fußende ihres Bettes stehen. Ein himmlisches Licht umgab sie, und sie sah schmerzfrei und glücklich aus. »Wir werden bald miteinander vereint sein«, sagte sie. Einige Sekunden später war sie wieder verschwunden.
Als der Onkologe zur Morgenvisite kam, erzählte ihm die Frau von ihrem Erlebnis. Sie war begeistert über die Vision und darüber, was ihr gesagt worden war. Für sie bedeutete dies eindeutig, daß es ein Leben nach dem Tode gab. Wie die Schwester sagte: »Diese Vision war die erste gute Nachricht, die diese Frau seit einem halben Jahr gehört hatte.«

Der Arzt hörte ihr mit unbewegtem Gesicht zu. Als sie fertig war, tat er ihre Geschichte mit einer Handbewegung ab. »Kann wohl nur ein Traum gewesen sein«, sagte er.

Alle Begeisterung wich aus dem Gesicht dieser Frau. Als der Arzt hinausging, sank sie in ihr Bett zurück, und ihr Kopf verschwand fast im Kissen. Wenig später kam die Schwester zurück und tröstete sie. Sie schob ein zweites Kissen unter ihren Kopf und sagte, was für ein herzloser Narr der Arzt für sie war.

»Er nimmt solche Dinge nicht wahr, weil er sich nur für Maschinen, nicht für die Patienten interessiert«, sagte sie. »Viele Patienten in Ihrer Situation erleben solche Dinge, und ich glaube nicht, daß es Träume sind.«

Dann unterhielten sich die beiden ausführlich über Visionen und den Tod. »Bis zu dieser Vision war es ihr nicht möglich, der Tatsache ins Auge zu sehen, daß sie sterben müsse«, sagte die Schwester. »Aber jetzt sprach sie offen darüber, und ihr Arzt hatte diese Gelegenheit versäumt.«

Bei den Vortragsreisen mit Dr. Raymond Moody begegnete ich Menschen, die jahrelang darunter gelitten hatten, daß ihnen eine beeindruckende spirituelle Erfahrung zuteil geworden war, über die sie mit niemandem reden konnten. Ich hörte Horrorgeschichten von Menschen, deren Angehörige sie auslachten, weil sie dieselben himmlischen Orte gesehen hatten wie ich. Dies waren heilende Erfahrungen für mich wie für die Menschen, mit denen ich zusammentraf, weil wir zusammenkamen und endlich unsere Erlebnisse verstanden.

Viele Erzählungen dieser Menschen faszinierten mich so sehr, daß ich sie aufzuschreiben begann und eigene Fallstudien sammelte. Hier einige Kostproben aus meiner Sammlung:

»Die Tore bestanden aus Riesenperlen«

In Chicago kam eine Frau zu mir, die jenen sonderbar steifen Gang hatte, der auf eine Rückenverletzung hinweist. Sie stellte sich vor und erzählte sofort ohne Umschweife, warum sie zu dem Vortrag gekommen war:

> Innerhalb einer sehr kurzen Zeitspanne kam meine Schwester bei einem Autounfall um, starb meine beste Freundin und erlitt ich selbst einen Wirbelsäulenbruch. Ein anderes Auto fuhr von hinten mit hoher Geschwindigkeit auf meinen Wagen auf. Es war ein Wunder, daß ich durch den Unfall nicht gelähmt wurde, und es war ein noch größeres Wunder, daß ich bei der Operation nicht starb.
>
> Während einer vierstündigen Operation wurden zwei Wirbel miteinander verbunden. Die Ärzte räumten ein, daß sie mir zuviel Betäubungsmittel gegeben hatten und daß mein Herz im Operationssaal und noch während der Erholungsphase mehrmals stehenblieb.
>
> Irgendwann während dieser Zeit ging ich durch einen dunklen Ort und stand plötzlich dem Herrn gegenüber. Ich war da!
>
> Sie werden es vielleicht nicht glauben, doch stand ich vor Toren, die direkt in den Himmel führten! Die Tore bestanden aus zwölf riesigen Perlen, die zu glühen schienen. Die Straßen

innerhalb dieser Tore waren golden, und die Wände der Häuser waren so hell, daß ich kaum hinsehen konnte.

Ich sah einen Lichtmenschen, und ich glaube, daß es Jesus war. Ich konnte sein Gesicht nicht sehen, aber er erstrahlte in einem herrlichen Glanz. Auch wenn ich ihn nicht ansehen konnte, war sein Glanz so stark, daß ich ihn spürte.

Ich ging in einen wuchernden Garten mit grünem Gras, Blumen und Obstbäumen. Wenn dort jemand einen Apfel pflückte, wuchs er sofort wieder nach.

Ich wanderte durch diesen Garten und sah andere Geistwesen wie mich. Dann entdeckte ich meine Schwester! Es war wunderbar. Wir sprachen lange miteinander, und sie sagte, wie glücklich sie an diesem Ort sei, der, wie mir schien, der Himmel war.

Wir blieben lange beieinander, sprachen miteinander und lauschten der himmlischen Musik, die von überall her erklang. Alles war so schön und friedlich, und ich wollte natürlich bleiben.

Nach einiger Zeit mußte ich umkehren und mit demjenigen sprechen, den ich für Jesus hielt. Er sagte mir, daß er mich liebte und daß ich zurückkehren solle. Ich sagte, daß ich jetzt sofort bleiben wolle, aber er sagte, daß ich zur Erde zurückkehren müsse, weil er eine Aufgabe für mich hätte.

Ich wollte wissen, was ich tun solle, aber er wollte es mir nicht direkt sagen. Er sagte vielmehr: »Du wirst auf jedem Schritt des Weges wissen, was es ist.«

Für diese Frau bedeutete es eine große Erleichterung, mit anderen Menschen zu sprechen, die ebenfalls diese himmlische Sphäre erlebt hatten. Ihr Mann wollte nichts mehr von ihrem Erlebnis hören, und ihr Pfarrer wich ihr aus.

Wenn sie in seine Nähe kam, hatte er immer »schrecklich viel zu tun« und keine Zeit, sich mit ihr zu befassen. »Seit ich ihm von meinem Erlebnis erzählt habe, will er nichts mehr mit mir zu tun haben«, sagte sie. »Ich nehme es aber nicht mehr persönlich. Ich weiß inzwischen, daß die meisten Menschen es einfach nicht verstehen.«

»Ich habe Antworten auf meine Fragen erhalten«

Eine ältere Frau, der ich im Mittleren Westen begegnete, hatte ebenfalls das Gefühl, nicht verstanden zu werden. Sie kam zu mir und erzählte mit lebhaften Gesten von ihrer »Reise in den Himmel«. Sie war so munter und geistig so frisch, daß ich es nicht fassen konnte, daß sie schon mehrere Schlaganfälle erlitten und ein schwaches Herz hatte. Dies ist ihre Geschichte:

> Ich war in einem Krankenhaus in Michigan, weil ich Schlaganfälle hatte, die zu Krämpfen führten. Mein Herz konnte diese Krämpfe nicht verkraften und blieb stehen. Ich verspürte eine Minute lang den Schmerz des Herzstillstands; dann überflutete mich ein friedliches Gefühl, während ich rechts von mir ein Licht sah.
> Ich wurde zu diesem Licht hingezogen wie ein Metall zu einem Magneten. Während ich näher kam, spürte ich Liebe und Verständnis in mir anschwellen, bis ich zu platzen glaubte.
> Ich kam in diesen hellen Bereich und begegnete einem unglaublich lichtvollen Geist, der Jesus gewesen sein muß.
> Ich wurde völlig von diesem Licht umschlossen. Es war

eine ähnlich wunderbare Empfindung, wie wenn mich mein Papa in die Arme nahm, der mich immer liebte, was auch immer ich tat. Eine solche Liebe war es.
Dieses Licht war mehr als Licht. Es bestand aus Abermillionen winziger, diamantähnlicher Funken, die glitzerten und Gefühl besaßen. Ich wußte, daß ich Teil dieses Lichts war.
Dann kam ich in eine liebliche Wiesenlandschaft. Dort war meine Großmutter, die schon in meiner frühen Jugend gestorben war. Auch meinen Onkel traf ich, der starb, als ich ein Teenager war.
Dann verließ ich urplötzlich die Wiesenlandschaft und war wieder bei Jesus. Er sagte: »Was hast du für deine Mitmenschen getan?« Er stellte dies als Frage, aber es klang, als ob damit auch schon die Antwort gegeben wäre, die lautete, daß ich zur Erde zurück müsse, um wirklich etwas für meine Mitmenschen zu tun.
Menschen, denen ich dies erzählt habe, versuchen mir klarzumachen, daß ich geträumt habe, aber es war völlig anders. Ich hatte Träume, und ich habe Drogenreaktionen gehabt, und diese Erfahrung besaß eine ganz andere Qualität: Sie war wirklich.

»Ich wollte Teil des liebevollen Lichts sein«

Tief im Süden begegnete mir eine hübsche junge Frau, die sagte, daß sie völlig verstehen könne, was ich erlebt hatte, weil ihr dasselbe zugestoßen sei. Während ihrer Schwangerschaft vor einigen Jahren geriet sie in Todesnähe, weil ein Schmerz, den sie ignorierte, sich als etwas Ernsthaftes herausstellte:

Als ich etwa im sechsten Monat mit meinem Sohn schwanger war, bekam ich plötzlich Schmerzen unter meiner rechten Brust. Ich hielt es für Sodbrennen, was Schwangere ja öfter haben. Aber es wurde immer schlimmer, und ich konnte den Schmerz bald nicht mehr ertragen.

Schließlich wachte ich eines Nachts mit so schlimmen Schmerzen auf, daß mir beinahe die Tränen kamen. Ich ging in das Badezimmer und versuchte, in verschiedenen Positionen zu sitzen, aber nichts half. Das letzte, woran ich mich erinnere, ist, daß ich auf der Kante der Badewanne saß. Dann wurde ich ohnmächtig und fiel nach hinten.

Ich hatte ein Gefühl, wie wenn ich meinen Körper verlassen hätte. Ich hatte das Gefühl, daß ich mich mit tausend Stundenkilometern bewegte und einen Tunnel entlangraste. Ich kam an verschiedenen Lichtern vorbei und bewegte mich auf ein sehr helles Licht zu, das immer mehr an Intensität zunahm. Dann blieb ich stehen.

Ich wollte nicht in das Licht hineingehen. Ich stand einfach vor diesem Licht, und dies gab mir eine Empfindung des Friedens und der Freude, die nicht einfach zu erklären ist. Ich kann nur sagen, daß ich bleiben und Teil des Lichts sein wollte. Alles andere war mir ziemlich gleichgültig.

Ich hörte keine Worte, doch kam eine Stimme von irgendwoher und sagte, daß ich zurückkehren müsse. Ich machte Einwendungen, aber die Stimme erinnerte mich in einem sehr sanften Ton daran, daß ich jemanden in mir trüge und es diesem Wesen schuldig sei, zurückzukehren. Ich wollte trotzdem bleiben, doch dann geschah etwas. Das Licht gab mir die Empfindung, die mein Mann für den Fall meines Todes haben würde. Dies machte mich sehr traurig, und ich wollte zurückkehren.

Als ich wieder erwachte, war ich im Aufwachraum unseres Krankenhauses. Ich hatte einen Gallenblasenriß erlitten und wäre beinahe gestorben. Aber ich überlebte, und mein Kind kam gesund zur Welt.

Damals konnten nur sehr wenige Menschen Nah-Todeserfahrungen begreifen, und diejenigen, die so etwas erlebt hatten, empfanden sich beinahe als Ausgestoßene. Dies war bei dieser Frau nicht der Fall. Ihr Mann verstand, daß ihre Geschichte Wirklichkeit war, und ihre Beziehung wurde noch enger als zuvor.

»Es ist noch nicht Zeit für sie«

Nah-Todeserlebnisse sind für Erwachsene verwirrend, und man kann sich vorstellen, wie sehr ein Kind verwirrt ist, das überlebt und seinen Eltern von einer Reise in das Licht erzählt. Eine Frau in Virginia berichtete mir von einer solchen Erfahrung:

Als ich acht Jahre alt war, brach mein Blinddarm durch. Ich wurde in das Krankenhaus gebracht, wo ein entsetzter Arzt in der Notfallaufnahme meinen Eltern sagte, daß ich sterben müsse. Ich hörte, wie er dies sagte, weil er dabei über mir stand.

Trotzdem wurde operiert. Ich bekam Äther, und mir schwanden die Sinne. Dann war ich wieder da. Ich schwebte über meinem Körper, als die Ärzte meinen Bauch aufschnitten. »Wir bringen sie nicht durch, wir bringen sie nicht durch«, sagte einer von ihnen ständig.

Ich war hierüber begeistert, denn alles, was geschah, machte mir Spaß. Plötzlich wurde ich durch einen dunklen Tunnel gezogen, an dessen anderem Ende ein Licht schien. Dann war ich an einem schönen Ort mit einem großen, hellen, schönen Licht, das meinen Augen keineswegs weh tat.

Ich sah mich um, und ich sah Menschen, die ich nicht kannte. Es herrschte Stille, und dann hörte ich eine weibliche Stimme in meinem Kopf: »Nein, nein, ihre Zeit ist noch nicht gekommen. Sie muß zurück.«

»Ich möchte aber nicht zurück«, dachte ich.

»Du mußt«, sagte die Stimme. »Du hast ein schönes Leben vor dir.«

Als ich dies später meinem Vater erzählte, wurde er bleich und richtig nervös. »Erzähle niemand etwas davon«, sagte er. »Dies ist unser Geheimnis.« Ich sagte es daher auch niemandem, obwohl ich jeden Tag an dieses Erlebnis dachte. Ich dachte, daß mit mir vielleicht etwas nicht in Ordnung sei, bis ich hörte, daß auch andere Menschen schon solche Erfahrungen gemacht haben. Jetzt kann ich endlich offen über mein Erlebnis sprechen.

»Was du tust, ist falsch«

Viele Menschen erzählten mir davon, wie sie durch ihre Nah-Todeserlebnisse verwandelt wurden. Besonders beeindruckend war die Geschichte einer Frau aus der Nähe von Washington, D.C., die einen Selbstmordversuch unternommen hatte:

Als ich ein Teenager war, wollte ich mich umbringen, weil mein Onkel mich belästigte. Ich nahm eine Handvoll Tabletten und ging aus dem Haus. Ich war sehr durcheinander und fiel auf die Knie und begann zu weinen.

Ich fühlte mich benommen und fiel seitlich hin. Dann hörte ich eine Stimme. Es war Abend, und ich drehte mich nach ihr um. Da sah ich meine Großmutter vor mir stehen. Sie hatte sich vor einigen Jahren wegen eines chronischen Herzleidens umgebracht.

Sie sah auf mich herunter und kam gleich zur Sache. »Was du tust, ist falsch«, sagte sie. »Du darfst dich nicht umbringen.«

Die Stelle, an der meine Großmutter stand, war sehr dunkel, vielleicht weil ein Fleck neben ihr sehr hell wurde, wie ein Zug, der sich in einem Tunnel nähert. Dieses Licht hob mich auf und zog mich zu sich heran. »Deine Zeit ist noch nicht gekommen«, sagte es. »Ich habe für dich noch zu tun.«

Ich stolperte zurück ins Haus und rief die Polizei an, die mich rettete. Ich erzählte nur den engsten Freunden hiervon, denn wer sonst hätte mich verstehen können? Ich konnte mir nicht vorstellen, daß irgend jemand anderes so etwas erlebt haben könnte.

Diese Erfahrung veränderte das Leben der Frau in vielerlei Weise. Sie gewann hierdurch ein Gefühl für das große Ganze und erkannte, daß Geschehenes nicht rückgängig zu machen ist, daß aber die Zukunft völlig offen vor ihr liegt. Sie schrieb von da an bessere Noten und machte Praktika in Pflegeheimen. Heute arbeitet sie als Krankenschwester. »Durch meine Nah-Todeserfahrung habe ich mich für einen Pflegeberuf entschieden«, sagte sie.

Viele Menschen, die in Todesnähe sind, sehen verstorbene Verwandte. Bei mir war dies nicht der Fall, vermutlich deshalb, weil ich keine nahen Angehörigen verloren hatte. Eine Frau, die mir in Florida begegnete, erzählte mir jedoch von ihrer Nah-Todeserfahrung, bei der sie mehrere verstorbene Verwandte einschließlich ihres totgeborenen Sohnes sah:

> Ich wäre bei einer Geburt beinahe gestorben. Durch all das Pressen platzte ein Blutgefäß, und mein Blutdruck sackte ab. Ich hatte große Schmerzen. Dann war ich plötzlich außerhalb meines Körpers und schwebte über mir. Ich sah den Ärzten eine Weile zu, bis ich immer höher und höher über der Decke schwebte und sogar die Kabel sehen konnte.
>
> Dann ging ich in eine Höhle hinein, in der ich viele Menschen sah, die ebenso aussahen wie ich. Ich sah meine Großeltern, die schon seit einigen Jahren tot waren, und einen im Koreakrieg gefallenen Onkel. Dann kam ein junger Mann zu mir, der eigentlich ein Kind war. Er sagte: »Hallo, Mama«, und ich erkannte, daß dies das Kind war, das ich vor einigen Jahren tot geboren hatte.
>
> Ich unterhielt mich eine ganze Weile mit ihm und war sehr glücklich, daß er sich hier mit seinen Verwandten aufhielt. Dann nahm er mich bei der Hand und sagte: »Du mußt jetzt wieder zurück. Ich begleite dich.«
>
> Ich wollte nicht zurück, aber er bestand darauf. Er ging mit mir und verabschiedete sich von mir. Dann war ich wieder in meinem Körper.
>
> Wie konnte ich irgend jemandem dies erzählen? Wer würde

mir glauben? Mein Mann wollte von solchen Dingen überhaupt nichts wissen, weshalb ich ihm erst gar nichts erzählte. Aber jetzt kann ich darüber sprechen, weil ich weiß, daß auch andere Menschen solche Dinge erlebt haben.

Ich bin Hunderten von Menschen begegnet, die Nah-Todeserfahrungen hatten, doch nur wenige hatten soviel erlebt wie ich. Die meisten Menschen kamen bis zur ersten Ebene – wie ich sie bezeichne –, das heißt, sie gehen in den Tunnel, sehen Lichtwesen und erfahren eine Lebensrückschau. Nur sehr wenige gehen in die Lichtstadt und den Saal der Erkenntnis.

Einer der wenigen mit ähnlichen Erlebnissen wie ich war ein Mann, der eine 13000-Volt-Leitung angefaßt hatte. Der Stromschlag riß ihm beide Beine und einen Arm ab. Er kam zu einem von Raymonds Vorträgen und unterhielt sich danach mit mir. Er sprach von Energieflüssen, die er mit einem Lichtwesen überquerte. Er erlebte keine Zukunftsvisionen wie ich, aber er besuchte eine Lichtstadt mit denselben leuchtenden Kathedralen und derselben Empfindung eines allgegenwärtigen Wissens.

Ich versuchte später, mich noch ausführlicher mit ihm zu unterhalten, aber er wollte nicht allzutief in Details gehen. Von Natur ein ruhigerer, zurückhaltenderer Mensch als ich, hatte er vor den Skeptikern resigniert, die seine Geschichte gehört und ihm ins Gesicht gesagt hatten, daß so etwas nicht möglich sei.

Ich versuchte trotzdem, mehr von ihm über sein Nah-Todeserlebnis zu hören, aber ich kam nicht weiter. Es gelang mir bei ihm nicht, das Eis zu brechen, wie bei den meisten anderen. Er nahm auch hohe Dosen schmerzstillender Mittel, durch die er noch weniger gesprächig wurde.

Während dieser Zeit begegnete ich auch anderen Menschen, die in der Lichterstadt waren. Einer von ihnen war ein Mormone, den ich in Salt Lake City sah und dessen Geschichte praktisch mit der meinen übereinstimmte. Er sah die Lichtwesen und die herrlichen Kathedralen. Er nannte sie aber nicht »Geister« oder »Wesen«, sondern »Engel«, und die Kathedralen bezeichnete er als Tabernakel.

In Chicago begegnete ich einer Frau, die als Kind einen Blitzschlag erlitten hatte. Gut gekleidet und mit einem nüchternen und ruhigen Ausdruck beschrieb sie, wie sie in die Lichtstadt kam und vor Wesen stand, bei denen es sich um dieselben spirituellen Wesen gehandelt haben muß, mit denen ich gesprochen hatte. Sie sagte, daß die Wesen sie in einem Farbsystem unterrichteten. Alles, was sie jetzt tat, beruhte auf ihrer intuitiven Erfassung von Farben. Wenn sie ein Auto kaufte, wenn sie sich am Morgen ankleidete, wenn sie ihr Büro einrichtete, legte sie stets ein Farbschema zugrunde, das ihr die Lichtwesen gegeben hatten. Ich verstand dieses Farbsystem nicht genau, aber es wirkte ihrer Meinung nach so, daß es sie mit anderen Menschen zusammenbrachte, die wie sie Bekanntschaft mit den Lichtkathedralen gemacht hatten.

»Wir müssen zusammenkommen, um etwas Großes zu tun«, sagte sie. »Ich weiß nicht, was es ist, aber ich werde es wissen, wenn wir zusammenkommen.«

Plötzlich begegneten mir Menschen, die nicht nur Nah-Todeserlebnisse hatten, sondern praktisch *dieselben* Erlebnisse wie ich. Es tat mir sehr gut, solchen Menschen zu begegnen. Es war beinahe so, wie wenn man wieder an die Oberfläche kommt, nachdem man von einer unsichtbaren Hand unter Wasser gedrückt worden war.

Diese Begegnungen bestätigten die Realität unserer Erlebnisse. Es wäre ja denkbar, daß ein Mensch wie ich ein so großartiges Ereignis nur geträumt hat. Aber war es denkbar, daß Menschen in verschiedenen Teilen des Landes zu dem Zeitpunkt, zu dem das Leben aus ihnen wich, denselben komplexen »Traum« hatten? Für mich war die Antwort eindeutig »nein«. Wir waren wirklich gestorben und in eine Geisterwelt gegangen. Der einzige Unterschied zwischen unserem Erlebnis und dem Besuch eines fernen Landes bestand darin, daß wir unseren sterblichen Körper zurückließen.

Die Begegnungen mit diesen Menschen überzeugten mich auch davon, daß ich nicht verrückt war. Denn von Anfang an kam diese Befürchtung immer wieder in mir hoch, ebenso wie bei anderen Menschen mit vergleichbaren Erfahrungen. Durch die Gespräche wurde uns klar, daß wir eine besondere Spezies, aber bestimmt nicht verrückt waren. Statt Scham oder Erniedrigung zu empfinden, fühlten wir uns plötzlich sehr wohl in unserer Haut.

Ich muß noch erwähnen, daß die Mormonen Menschen mit Nah-Todeserlebnissen nicht das Gefühl geben, sie seien verrückt. Weil das Leben nach ihrem Tode Bestandteil ihrer Lehren ist, sind ihnen Zeugnisse über Erlebnisse im Jenseits sogar willkommen.

1977 ging ich nach Spanien, wo ich in einem Gremium mit Menschen zusammensaß, die klinisch tot waren, aber überlebt hatten. Diese Menschen kamen aus der ganzen

Welt – aus Europa, den Vereinigten Staaten und Asien. Als wir unsere einander so ähnlichen Erlebnisse und Erfahrungen austauschten, wurde deutlich, daß es sich um eine universelle Erfahrung handelte.

Ich gewann nicht nur das Vertrauen in meine geistige Gesundheit wieder zurück, sondern hatte auch verstärkt die Empfindung einer wirklichen Mission: den Bau der Zentren. Diese Mission war letztlich meine Botschaft. Ich wollte niemals etwas Derartiges tun, aber nur ein Narr würde sich einem Auftrag Gottes entziehen.

Ich bin nie jemandem begegnet, der eine ähnliche Mission gehabt hätte, noch kenne ich einen Menschen, der vor den dreizehn Lichtwesen gesessen und dem die Zukunft in verschiedenen Kassetten gezeigt worden ist. Wenn ich mit anderen zusammen war, war ich immer der einzige, der von einem solchen Ereignis berichten konnte.

Und doch weiß ich, wovon ich rede. Teile der Visionen wurden Wirklichkeit, und ich erlebte, wie sich die Dinge in eine Richtung entwickelten, die auch die Materialisierung der übrigen Visionen wahrscheinlich machten. Mein Selbstvertrauen wuchs, und ich fühlte mich psychisch stärker.

»Wir sind ganz normale Menschen«, sagte ich einmal bei einer Podiumsdiskussion. »Wir sind normale Menschen, denen etwas Paranormales zugestoßen ist.«

Obwohl ich äußerlich immer noch von dem Blitzschlag etwas mitgenommen war, fühlte ich mich doch Tag für Tag normaler.

Dann machte ich eine elektrisierende Entdeckung.

11
Besondere Fähigkeiten

Es gab kein »erstes Mal«, daß ich psychische Fähigkeiten an mir entdeckte. Mir fiel nur auf, daß etwas mit mir los war, als ein Freund mich eines Tages anfuhr: »Dannion, warum hältst du nicht deinen Mund und läßt mich meine Frage aussprechen, bevor du sie beantwortest?«

Die Antwort kam mir wie von selbst auf die Lippen: »Weil ich weiß, was du wissen willst, noch bevor du es sagst.«

»Nein, das weißt du nicht!« fuhr er mich nochmals an.

»Gut, wie wäre es damit«, sagte ich, und ich »verriet« ihm seinen nächsten Satz. Sein Unterkiefer klappte herunter, denn genau dieser Satz war ihm auf der Zunge gelegen. Als er dann weitersprach, sprach ich mit, wie wenn wir es geübt hätten, und ich sagte dasselbe wie er, während er noch sprach.

Ich begann dieses Phänomen mit meinen Angehörigen zu erkunden. Ich kam so weit, daß ich ihre Fragen beantwortete, bevor sie sie noch stellten. Ich weiß nicht, wie ich das machte. Ich »hörte« einfach, was sie sagen wollten, bevor sie es noch sagten. Dies kam für mich ebenso überraschend wie für diejenigen, mit denen ich sprach.

Einmal machte ich dies bei einem Seminar, bei dem ich eingeladen war, über meine Erfahrungen zu sprechen.

Jemand kam zu mir, und ich begann das Gespräch damit, daß ich die Frage stellte, die der Betreffende stellen wollte, bevor er noch den Mund öffnen konnte. Dies überraschte einige so, daß sie sich an die Umstehenden wandten und sagten: »Er hat meine Gedanken gelesen.«

Auch mein Vater war da, und er wollte seinen Ohren nicht trauen. Ich hatte ihm dies zwar schon einmal demonstriert, aber noch nie bei völlig fremden Menschen. Wenn ich jemandem seine Frage vorwegnahm, holte er den Betreffenden beiseite und fragte ihn, ob ich wirklich seine Gedanken gelesen hätte. Neun von zehn Menschen bestätigten dies. Als wir das Seminar verließen, war mein Vater wie benommen und verwirrt darüber, was er erlebt hatte.

»Wie zum Teufel machst du das?« fragte er.

»Ich weiß es nicht«, sagte ich schulterzuckend. »Ich weiß es einfach nicht.«

Und ich wußte es wirklich nicht. Ich wußte gar nicht, daß diese Fragen *nicht* gestellt worden waren. Ich hörte die Worte in meinem Kopf so deutlich, wie wenn der Betreffende sie ausgesprochen hätte.

Als mir klar wurde, was vor sich ging, versuchte ich, mich in den anderen zu versetzen. Dabei stellte ich fest, daß ein Zögern beim Sprechen meist ein Zeichen war, daß seine Gedanken in eine andere Richtung gingen. In diesem Augenblick konnte ich seine Gedankenwellen auffangen und »hören«, was er dachte.

Meine Fähigkeit des Gedankenlesens verbesserte sich sehr schnell – so schnell, daß deswegen beinahe einmal geschäftliche Verhandlungen gescheitert wären. Nach diesem Ereignis wurde mir klar, daß es manchmal in meinem eigenen Interesse war, über Dinge zu schweigen, die ich »hörte«.

Meine drei Partner und ich verhandelten damals mit einer norwegischen Reederei über den Verkauf elektronischer Geräte. Wir bereiteten dieses Geschäft seit einiger Zeit vor, und jetzt waren Vertreter der Firma von Norwegen nach South Carolina geflogen, um die Einzelheiten eines Vertrages zu besprechen.

Als wir mit den Norwegern am Verhandlungstisch saßen, unterhielten sie sich miteinander in Norwegisch. Sie stimmten sich über die Fragen ab, die sie uns stellen wollten, bevor sie sie auf Englisch formulierten. Als sie sich in ihrer Muttersprache unterhielten und nach Worten suchten, wandte ich mich plötzlich an sie und sagte: »Sie wollen folgendes wissen...«, und formulierte dann die Frage für sie. Sie lachten nervös, und wir besprachen weiter den ersten Teil des Vertrages, zu dem sie Fragen hatten.

Dann unterhielten sie sich wieder auf Norwegisch, und ich konnte dies ohne weiteres verstehen, indem ich ihre Gedanken las. Wiederum sagte ich ihnen, was sie dachten.

»Wir dachten, daß Sie unsere Sprache nicht sprechen«, sagte einer der Norweger.

»Ich spreche sie auch nicht«, sagte ich, und ich erzählte ihnen dann meine Geschichte.

Auf den Gesichtern aller Anwesenden malte sich unglaubliches Erstaunen. Die Norweger konnten nicht glauben, daß man durch einen Blitzschlag außersinnliche Fähigkeiten erlangen konnte. Meine Partner konnten es nicht fassen, daß ich inmitten ernsthafter Geschäftsverhandlungen über meine Erlebnisse sprach. Sie fürchteten, daß eine solche Diskussion das Geschäft scheitern lassen könnte.

»Niemand möchte, daß andere seine Gedanken lesen«, ermahnte mich später einer meiner Partner. »Schon gar nicht, wenn man über einen Vertrag verhandelt.«

Ich sah dies ein und beschloß, in Geschäftsverhandlungen nicht mehr zu sagen, was ich paranormal in Erfahrung brachte. Dies bedeutete aber nicht, daß ich nicht meine Fähigkeiten eingesetzt hätte, um mich davor zu bewahren, übervorteilt zu werden.

Bei einem meiner Geschäfte mit elektronischem Gerät wollten wir ein Produkt von einem neuen Anbieter kaufen. Mein Partner und ich mochten diesen Mann, der ein Bauteil herstellte, das wir für unser Maskierungssystem brauchten. Wir gingen mit ihm essen und dann etwas trinken, und niemand hatte einen Verdacht, daß etwas nicht in Ordnung sein könnte – auch ich nicht.

Dies änderte sich allerdings, als wir uns an den Verhandlungstisch setzten. Als wir über die Preise sprachen, machte mich ein veränderter Tonfall in seiner Stimme stutzig. Als ich ihm zuhörte, empfing ich das Bild eines Raums, der mit dem Produkt gefüllt war, das wir kaufen wollten. Als ich mich im Geiste in diesem Raum umsah, entdeckte ich, daß die meisten Bauteile, die wir kaufen wollten, fehlerhaft waren. Dieser Mann wollte uns Schrott verkaufen!

Bevor wir den Vertrag unterschrieben, sagte ich meinen Partnern, was ich gesehen hatte. Während der letzten Verhandlungsrunde brachten wir noch eine Klausel in dem Vertrag unter, die uns für jedes nicht funktionstüch-

tige Bauteil eine Gutschrift zusicherte. Es zeigte sich, daß der Betreffende über 60 % seiner Bauteile zurücknehmen mußte und daß er in der Tat versucht hatte, uns schlechte Ware zu verkaufen.
Während dieser Zeit trat eine weitere außergewöhnliche Fähigkeit auf.
Ich weiß nicht, wie ich diese eigenartige Fähigkeit anders beschreiben könnte, aber ich begann, »Filme« zu sehen. Ich betrachtete jemanden und sah plötzlich Ausschnitte aus seinem Leben, wie wenn ich ein Video anschauen würde. Es konnte auch geschehen, daß ich einen Gegenstand in die Hand nahm und Szenen aus dem Leben des Besitzers sah. Manchmal befühlte ich einen alten Gegenstand und hatte eine Vision der Geschichte dieses Gegenstandes.
So ging ich zum Beispiel 1985 nach Europa, um Jacques Cousteau zu helfen, die Elektronik für eines seiner Projekte zusammenzubauen. Während dieser Zeit flog ich einmal nach London, um einen Freund zu besuchen. Als wir durch die Stadt gingen, blieb ich vor dem Parlamentsgebäude stehen, um etwas an meinem Schuh in Ordnung zu bringen. Dabei legte ich meine Hand auf ein Geländer. Plötzlich roch ich Pferde. Ich blickte nach links, konnte aber niemanden sehen, doch hörte ich spielende Kinder. Ich blickte auf den Platz vor dem Parlament und sah Menschen in den Kleidern des neunzehnten Jahrhunderts Krocket spielen. Ich blickte nach rechts und sah ein Pferd neben mir, das sich erleichterte. Ich wollte etwas zu meinem Freund sagen, aber er war nicht mehr da. Statt dessen gingen Menschen in der Kleidung des neunzehnten Jahrhunderts und steifen Hüten an mir vorüber.

Angst überfiel mich, und ich wußte nicht, was ich tun sollte. Ich war mitten im Winter in London, und trotzdem spielten hier Menschen Krocket und trugen Frühlingskleidung aus einem anderen Jahrhundert. Ich konnte das Geländer nicht loslassen, so sehr ich mich auch bemühte. Mein Freund bemerkte, daß ich in einer Art Trance war, und versuchte mich anzusprechen. Als ich weiterhin auf meine Umgebung starrte und nicht reagierte, zog er meine Hand vom Geländer weg. Daraufhin war ich so schnell wieder da, wie ich weggewesen war.

»Ich habe diese Gegend gesehen, wie sie früher war«, sagte ich zu ihm. »Ich konnte London im neunzehnten Jahrhundert sehen.«

Dies war nicht das erste Mal, daß so etwas geschah. Als ich kurz nach dem Blitzschlag im Krankenhaus lag und jemand meine Hand nahm, war ich plötzlich der Betreffende in einer bestimmten Situation. Ich erlebte zum Beispiel, wie der Betreffende mit jemandem in seiner Familie Streit hatte. Ich wußte nicht unbedingt, worüber der Streit ging, aber ich spürte den Schmerz und Zorn des Betreffenden. Einmal besuchte mich eine gute Freundin unserer Familie und legte ihre Hand auf meinen Unterarm. Plötzlich ging der »Film« ab. Ich sah, wie sie am Wohnzimmertisch saß und mit ihren Geschwistern über ein Grundstück stritt, das ihnen vermacht worden war. Sie bot ihnen eine sehr niedrige Summe für ihren Anteil, obwohl sie sehr gut wußte, daß das Land viel mehr wert war. Sie versuchte, sie zu betrügen. Später erzählte ich Angehörigen ihrer Familie, was ich gesehen hatte, und es stellte sich als richtig heraus.

Ein anderes Mal besuchte mich ein Freund, der Nierensteine hatte. Ich wußte hiervon nichts, bis er mich im Krankenhaus besuchte. Als er mir die Hand auf die Schulter legte, um sich von mir zu verabschieden, sah ich plötzlich, wie er sich auf seiner Wohnzimmercouch in heftigen Schmerzen wand und krümmte, als seine Steine einen Ausgang suchten.

Ich sagte ihm, was ich gesehen hatte, und er war schokkiert. »Genau dies ist geschehen«, sagte er. »Erst gestern abend habe ich die Steine ausgeschieden.«

Von Anfang an fiel mir auf, daß bei diesen spontanen psychischen Bildern belastende Situationen und Krisen überwogen. Wenn Menschen mit ihren Kindern oder Ehegatten stritten, dann sah ich das an diesen »Videos«. Autounfälle, wütende Freundinnen, Familienstreit, Auseinandersetzungen im Büro, Krankheiten und andere Belastungen waren stets im Mittelpunkt meiner Visionen. Dies ist auch heute noch so.

Einmal zum Beispiel verkaufte ich jemandem ein Auto. Es war ein sympathischer Endfünfziger mit den »Pranken« eines Mannes, der lange Jahre mit seinen Händen gearbeitet hat. Wir unterhielten uns eine Weile über das Auto, bis wir uns handelseinig waren, wobei in keiner Weise von seinem Privatleben die Rede war. Als wir uns zur Bekräftigung die Hände schüttelten, sah ich plötzlich, daß in seinem Privatleben etwas nicht in Ordnung war. Ich befand mich plötzlich in seinem Wohnzimmer am Tag zuvor, wo ich Zeuge eines heftigen Streits zwischen seinen erwachsenen Kindern und ihm war. Ich spürte seinen Zorn auf seine Kinder, die ihm wegen eines Wohnblocks, der ihm gehörte, grob zusetzten. Sie verlangten, daß er ihn verkaufen und jedem von ihnen einen bestimmten Betrag

geben solle. Er dagegen wollte das Haus renovieren, damit er weiterhin die Wohnungen vermieten könnte und damit eine Rücklage für seinen Ruhestand hätte.
In der Auseinandersetzung war sehr viel Habgier und sehr wenig Verständnis für den Vater zu spüren. Der Vater wußte, daß die Kinder nur an ihre Brieftasche dachten, und bald eskalierte das Gespräch zu einem heftigen Familienstreit, der ihn schmerzte und verletzte.
All dies sah ich. Als ich nun mit diesem sympathischen Mann vor meinem Haus stand, hatte ich großes Mitgefühl mit ihm. Ich beschloß, ihm dies zu sagen.
»Ich hoffe, daß ich Ihnen nicht zu nahe trete«, sagte ich zu ihm. »Aber ich kann Gedanken lesen.«
Dann sagte ich ihm, was sich bei ihm am vergangenen Tag abgespielt hatte und erwähnte auch die schmerzhaften Empfindungen, die mit dem Streit verbunden waren.
»Sie haben mein Mitgefühl«, sagte ich. »Ihre Kinder haben Ihnen niemals geholfen, dieses Gebäude instand zu halten, und jetzt wollen sie es Ihnen auch noch stehlen. Sie sollten sich schämen.«
Er nahm aus meinem Haus mehr mit als nur ein neues Auto. Zunächst war er schockiert, doch dann war es für ihn eine große Erleichterung, daß wir über die Vorfälle vom Vortag sprachen. »Normalerweise spreche ich nicht über persönliche Dinge«, sagte er. »Aber diesmal hatte ich keine andere Wahl.«

Als ich diese paranormalen Fähigkeiten an mir entdeckte, setzte ich sie zunächst auch in einer Weise ein, die ich jetzt als unehrlich empfinde. Ich war beim Kartenspiel kaum zu schlagen, weil ich die Karten der anderen »sah«. Ich

konnte mit 80%iger Sicherheit vorhersagen, welches Lied als nächstes im Radio oder der Musikbox gespielt wurde. Einmal sagte ich die siegreiche Mannschaft bei Footballspielen 156mal hintereinander richtig voraus, und in 80 Prozent der Fälle auch die richtigen Ergebnisse.
Bald aber schämte ich mich dafür, daß ich diese Fähigkeiten in einer solchen Weise benutzte. Es wurde mir klar, daß sie mir von Gott gegeben waren und deshalb nicht mißbraucht werden durften. Ich hörte sofort mit dem Glücksspiel auf und überlegte mir, wie ich meine psychischen Fähigkeiten in positiver Weise einsetzen konnte. Statt zu wetten, was keinen spirituellen Segen brachte, sprach ich mit anderen, die wetteten, um sie zu spirituell erfüllenderen Aktivitäten anzuhalten.
Wenn man seine psychischen Fähigkeiten einsetzen will, um Menschen spirituell zu berühren, muß man feinfühlig vorgehen. (Wenn man nichts weiter will, als Kunststückchen vorzuführen, ist ein »Frontalangriff« das beste, weil man dem Betreffenden ja nur imponieren will.)
So war ich zum Beispiel einmal in einem Restaurant. Mir fiel auf, daß die Bedienung den erschöpften Ausdruck eines Menschen hatte, der seit Nächten nicht mehr gut geschlafen hat. Ihre Stirn war tief gefurcht, und sie wirkte wütend und gereizt.
Während des Essens kam sie einmal vorbei, um mir Kaffee nachzuschenken. Sie legte dabei die Hand auf den Tisch, und ich nutzte die Gelegenheit, um ihre Hand zu berühren. Dabei begann sofort wieder das »Video« abzulaufen. Ich sah, wie diese Frau mit einem älteren Mann sprach. Sie standen irgendwo auf einer Straße, und sie versuchte, seine Hand zu ergreifen. Es war offensichtlich, daß er

nicht sonderlich an ihr interessiert war. Während sie mit ihm sprach, blickte er ständig woandershin, auf die Straße oder den vorbeifahrenden Autos nach, und er vermied es in jeder Weise, sie anzusehen.
Einen Augenblick war ich sie. Ich spürte ihren Schmerz, als sie erkannte, daß es mit diesem Mann aus war. Diese Szene und die Erkenntnis kamen mir blitzartig und verschwanden ebenso rasch wieder.
Als sie wiederkam und die Rechnung brachte, sprach ich sie an. »Wissen Sie, ältere Männer sind nicht immer phantastisch«, sagte ich. »Manchmal kann man sie in keiner Weise halten. Machen Sie sich keine Vorwürfe. Sie haben alles versucht und kommen sich jetzt dumm vor. Letztlich waren Sie zu gut für ihn, und Sie wissen es.«
Die Bedienung erschrak, daß ich etwas über ihr Privatleben wußte. Sie blickte mich an wie ein Gespenst. Als ihr aber klar wurde, daß ich nichts Böses wollte, kam sie zum Tisch zurück.
»Sie haben recht«, sagte sie und setzte sich. Während der wenigen Minuten, die wir sprechen konnten, erlebte ich, wie sie vor meinen Augen wieder aufblühte.

Als solche Ereignisse immer wieder auftraten, sprach ich mit Raymond darüber. Wir saßen in einem Restaurant in Georgia, als ich ihm sagte, daß ich Gedanken lesen könne. Er glaubte mir nicht. Er fragte mich, wie dies meiner Meinung nach vor sich gehen würde, aber ich konnte nur die Schultern zucken.
»Ich weiß nicht, wie ich die Dinge weiß, die ich weiß, Raymond«, sagte ich.
Ich sagte ihm, daß ich Szenen aus dem Leben eines Men-

schen sehen konnte wie einen Videofilm. Ich nannte ihm einige Beispiele, aber er war immer noch skeptisch.
»Gut«, sagte ich, und ich war ein wenig wütend, daß er mich auf die Probe stellen wollte. »Wähle dir jemanden in diesem Restaurant aus, und ich werde seine Gedanken lesen.«
Er entschied sich für unsere Bedienung, die in diesem Augenblick an unserem Tisch vorbeikam. Ich bat sie zu mir und nahm ihre Hand. Sofort begann der »Film«. In der ersten Szene sah ich, wie sie mit ihrem Freund stritt. Sie saßen an einem Küchentisch und hatten eine heftige Auseinandersetzung. Ich sah, wie er seinen Mantel nahm und wegging. Dann kam eine andere Szene. Ich konnte sehen, wie ihr Freund die Hand einer anderen Frau hielt, einer Blondine mit langen Locken und einer lustigen Stupsnase. Schließlich folgte eine kurze Szene, die mir zeigte, wie die Frau mit den langen Locken mit der Bedienung an einer Bartheke stand.
Ich erzählte ihr, was ich gesehen hatte. Sie war schockiert und wütend zugleich, schockiert über mich und wütend auf ihren Freund. »Genau das habe ich vermutet«, sagte sie. »Mein Freund hat etwas mit meiner besten Freundin. Sooft ich ihn deswegen zur Rede stelle, streitet er es ab und läuft weg. Schließlich ging ich neulich abends mit ihr weg und fragte sie, aber sie sagte, es sei nichts.«
Ich sah immer noch Zweifel in Raymonds Augen, weshalb ich ihn bat, noch jemand anderen auszuwählen. Neben uns saß eine Frau in einer Nische, die offensichtlich unserem Gespräch mit großem Interesse zugehört hatte. Raymond stellte sich vor und fragte sie, ob sie im Namen der Forschung kurz meine Hand halten würde.

Als sie mir die Hand gab, lief wiederum ein »Video« in meinem Kopf ab. In einer Szene sah ich diese Frau in einem Hinterhof mit einer älteren Frau. Sie waren glücklich und lachten, aber die Fröhlichkeit schien erzwungen zu sein, wie wenn irgend etwas Schlimmes geschehen wäre, über das sie sich durch Lachen hinweghelfen wollten. In der nächsten Szene sah ich die beiden Frauen in einem Haus beieinander sitzen. Die Frau, deren Hand ich hielt, weinte, und die ältere Frau hatte eine besorgte Miene. Es war mir deutlich, daß die ältere Frau krank war und daß die jüngere Frau sich Sorgen machte, es könnte eine tödliche Krankheit sein.

Ich ließ die Hand der Frau los und sagte ihr, was ich gesehen hatte. Mit Tränen in den Augen sagte sie, daß ihre Mutter Krebs habe. Natürlich machte sie sich deshalb Sorgen, und es hatte viele Abende wie denjenigen gegeben, den ich beschrieben hatte, an denen sie sich mit ihrer Mutter unterhielt, wie es weitergehen sollte.

Ich wählte noch etwa fünf weitere Menschen aus und sagte ihnen verschiedene Dinge, unter anderem, wo sie wohnten, welches Auto sie fuhren, wer ihre Freunde waren, wie ihre finanzielle Situation war und welche Probleme sie hatten.

Diese Menschen reagierten ganz unterschiedlich. Einige schnappten nach Luft und schlugen sich die Hand vor den Mund. Einer wurde wütend und sagte, ich solle aufhören. Wieder ein anderer wollte noch mehr hören, und eine Frau errötete und sagte, sie habe ein Gefühl, als ob sie plötzlich nackt dastünde.

Raymond war schließlich davon überzeugt, daß hier etwas Außergewöhnliches geschah. Aber wir verstanden nicht, wie und warum es geschah, was vor allem für mich schwierig war, weil ich schließlich mit meinen Fähigkeiten leben mußte.

Wie ich Raymond gesagt hatte, verstehe ich bis heute nicht, warum ich diese »Videos« aus dem Leben anderer Menschen sehen kann oder warum ich Sätze höre, bevor sie noch gesprochen werden. Ich bin darüber nicht immer glücklich. Wenn man psychische Fähigkeiten besitzt, hat man Zugang zu den intimsten Dingen eines Menschen, zu den Lebensbereichen, die jeder sorgfältig gegenüber der Öffentlichkeit abschirmt. Manchmal ist es aber gut, diese Bereiche sehen zu können, weil dadurch Menschen die Möglichkeit bekommen, über schmerzliche Erfahrungen in ihrem Leben zu sprechen.

Das Problem liegt darin, daß Menschen nicht immer darüber sprechen wollen, schon gar nicht mit einem Fremden, der ihnen Dinge sagt, die er nicht zu wissen braucht. Man hat mir vorgeworfen, ich sei ein Detektiv, ein Voyeur oder ein Dieb und hätte möglicherweise sogar zu geheimen Regierungsakten Zugang. Ich wurde bedroht und bekam sogar Ohrfeigen von Menschen, die nicht wollten, daß ich meine Nase in ihre Angelegenheiten steckte.

Ich muß gestehen, daß ich ihnen nicht böse sein kann. Bevor mir klar wurde, daß Telepathie möglich ist, hätte es mich auch sehr gestört, wenn ein Unbekannter meine Gedanken gelesen hätte.

Es tröstet mich zu wissen, daß auch andere Menschen mit Nah-Todeserfahrungen solche psychische Fähigkeiten besitzen. Mir ist bisher noch niemand mit einer Nah-

Todeserfahrung begegnet, der nicht schon einmal plötzliches Vorauswissen gehabt hätte oder zumindest über ungewöhnlich gut entwickelte intuitive Fähigkeiten verfügt. Dies ist weiter nicht verwunderlich, denn allen Menschen mit Nah-Todeserfahrung wurde gezeigt, daß die Natur nichts als Lebensessenz ist.

Ich habe einige hundert Menschen von solchen paranormalen Erfahrungen in ihrem Leben berichten hören. So sprach ich zum Beispiel einmal mit einem Russen, der von einem Auto angefahren und in den Leichenkeller gebracht wurde, weil man ihn für tot hielt. Er lag drei Tage lang in einem Kühlraum, und während dieser Zeit verließ der Geist seinen Körper und schweifte umher. Er ging nach Hause und sah seine Kinder. Dann ging er in die Wohnung der Nachbarn, wo das einjährige Kind des Paares nicht aufhörte zu weinen. Sie waren mit ihm mehrmals beim Arzt gewesen, aber es ließ sich keine Ursache finden. Der Geist des Mannes konnte mit dem Kind in Verbindung treten und feststellen, daß ein Haarbruch im Beckenknochen vorlag.

Man entdeckte, daß er noch lebte, als die Pathologen gerade mit der Autopsie beginnen wollten. Er kam zurück in das Krankenhaus, wo er sich körperlich wieder vollständig erholte, nicht jedoch psychisch – jedenfalls meinte dies seine Umgebung. Er sprach ständig davon, daß er außerhalb seines Körpers gewesen war und Angehörige und Freunde besucht hatte. Schließlich bat er, daß man die Nachbarn mit ihrem weinenden Kind zu ihm brächte. Er sagte, daß er mit dem Kind gesprochen habe, als er »tot« war, und daß das Kind wegen eines Beckenbruchs weinte. Eine Röntgenuntersuchung ergab, daß er recht hatte.

»Das Ganze war eine paranormale Erfahrung«, sagte der Russe. »Seither verstehe ich mich selbst nicht mehr.«

Den interessantesten Fall psychischer Fähigkeiten aufgrund einer Nah-Todeserfahrung berichtete mir mein Co-Autor Perry, der ihn seinerseits von einem Forscher namens Frank Baranowski in Mesa, Arizona, erzählt bekam. Jener Baranowski konnte 1979 mit einem Bischof im Vatikan sprechen, dessen Herz aufgrund eines Herzinfarkts mehrere Minuten lang stillgestanden hatte. Er hatte eine Nah-Todeserfahrung, die andere Kleriker so verblüffte, daß Papst Johannes Paul an sein Krankenbett geholt wurde.

Der Papst fragte den Bischof, ob er Gott gesehen habe. Der Bischof war sich hierüber nicht sicher. Er war am Ende des Tunnels von einem Fremden begrüßt worden, der ihn zu einem hellen und liebevollen Licht begleitete. Dies war eigentlich alles, sagte er zum Papst, doch ging er bei seiner Rückkehr durch die Mauern des Vatikans hindurch und kam in den Ankleideraum des Papstes.

»Was hatte ich an?« fragte der Papst.

Der Bischof beschrieb daraufhin ganz genau die Gewänder, die der Papst für die Morgenmesse getragen hatte.

Nachdem er wieder gesund geworden war, hielten die psychischen Erlebnisse an. Er konnte verschiedene Dinge vorhersagen, u. a. Herzattacken zweier anderer kirchlicher Würdenträger.

Waren seine psychischen Erfahrungen und diejenigen anderer mit einer ähnlichen Vorgeschichte nur das Ergebnis einer gesteigerten Intuition? Ich weiß es nicht. Klar ist mir dagegen, daß den meisten Menschen der Begriff der paranormalen Fähigkeiten weit hergeholt scheint. Auch mir ergeht es nicht anders. Ich kann nicht einmal meinen eigenen Fall begreifen – wie ein Blitzschlag und eine Reise in die spirituelle Welt mich zum Sensitiven machen konnte.

Ich habe Hunderte von Malen hierüber nachgedacht, und ich kann es mir immer noch nicht erklären. Ist es möglich, daß Menschen als Folge einer Nah-Todeserfahrung außerordentliche Fähigkeiten entwickeln, daß sie sogar Gedanken lesen und die Zukunft vorhersehen können? Bevor mir dies selbst zustieß, hätte ich darüber ebenso gelacht wie über die bloße Idee einer Nah-Todeserfahrung. Jetzt aber ist dies für mich die eine große Frage, die mich ständig beschäftigt.

Zum Glück haben sich auch andere in den letzten Jahren dieselbe Frage gestellt und sind zu bemerkenswerten Antworten gekommen. 1992 veröffentlichte Dr. Melvin Morse ein Buch mit dem Titel *Transformed by the Light* (dt. *Verwandelt vom Licht, Knaur Tb 86046*), in dem er die Ergebnisse einer groß angelegten Studie über Nah-Todeserfahrungen darlegt.

Im Rahmen dieser Studie führte Dr. Morse eingehende Untersuchungen an Hunderten von Menschen mit Nah-Todeserlebnissen durch. Durch psychologische Standardtests stellte er fest, daß diese Menschen über eine nachprüfbar größere paranormale Empfänglichkeit verfügen als der Bevölkerungsdurchschnitt – seiner Studie zufolge mehr als viermal so stark.

Die meisten dieser paranormalen Erfahrungen sind einfach ohne tiefere Bedeutung. So haben zum Beispiel viele Menschen Vorahnungen von Telefonanrufen: Sie sagen zu einem Mitarbeiter oder einem Angehörigen, daß eine

bestimmte Person anrufen wird, und wenige Augenblicke später klingelt das Telefon, und es ist der Betreffende. Diese Anrufe stammen meist von engen Familienangehörigen, aber oft auch von Menschen, von denen sie jahrelang nichts mehr gehört hatten. Weil sie anderen Menschen vor dem Eintreten des Ereignisses davon erzählten, sind dies nachprüfbare psychische Erfahrungen.
Die meisten der in dem Buch von Dr. Morse zitierten Erfahrungen gehen jedoch weit über Telefonanrufe hinaus. Eine Frau träumte, daß ihr Bruder seitlich am Körper und an seinen Händen blutete und um Hilfe schrie. Sie erzählte am Morgen ihrer Familie von diesem Traum, und man sagte ihr, daß es nur ein Alptraum gewesen sei. Einige Tage später wurde ihr Bruder jedoch an der Seite und an den Händen von Einbrechern in genau der Weise verletzt, wie sie es erlebt hatte.
Dr. Morse berichtet in seiner Studie von Dutzenden ähnlicher Fälle. Statt sie zu ignorieren oder als bloßen Zufall abzutun, untersuchte er sie näher und kam zu dem Schluß, daß in der Tat Nah-Todeserfahrungen bei Menschen paranormale Fähigkeiten auslösen können.
Wie es dazu kommt, weiß ich nicht. Bis heute hat niemand eine Antwort gefunden. Manche glauben, daß ein bestimmter Gehirnbereich durch die Todesnähe sensibilisiert wird und daß dieser Bereich auf außersinnliche Mitteilungen reagiert. Andere, wie zum Beispiel Freud, sind der Ansicht, daß wir außersinnlich miteinander kommunizieren, bevor wir die Sprache entwickeln, und daß eine Nah-Todeserfahrung diese Fähigkeit wiedererweckt.
Ich weiß nicht, warum ich paranormale Fähigkeiten besit-

ze, und ich weiß auch nicht, warum andere Menschen sie haben. Ich weiß nur, daß ständig Dinge geschehen, die äußerst interessant, aber bisher unerklärlich sind. Wir leben in einer Welt, in der noch sehr vieles geheimnisvoll ist. Diese Geheimnisse zu leugnen könnte bedeuten, daß man gerade die Essenz des Lebens leugnet.

12
Wiederherstellung

Meine Wiederherstellung begann 1978 rasche Fortschritte zu machen. Ich konnte beinahe wieder normal gehen, und ich konnte mich lange genug konzentrieren, um daran zu denken, wieder ein normales Leben zu führen.

Der Blitzschlag hatte mir alles genommen. Ich hatte mein Haus, meine Autos und meine Firmen verkaufen müssen, um Ärzte und Krankenhäuser bezahlen zu können. Insgesamt hatte ich Zehntausende von Dollars aufgewandt, um am Leben zu bleiben.

Nach den Standards der meisten Menschen war ich in schlechter Verfassung. Nach meinem Standard jedoch, den ich seit dem Unfall anlegte, fühlte ich mich wie ein Weltmeister. Ich wog jedoch immer noch zuwenig und fiel auch immer noch in Ohnmacht. Meine Ärzte sagten, daß dies durch mein geschädigtes Herz bedingt sei. Sie vermuteten, daß es zu etwa 30 % durch den Blitzschlag geschädigt oder sogar funktionsunfähig gemacht worden war. Die Pumpleistung meines Herzens war ungenügend, so daß manchmal mein Gehirn mit Blut unterversorgt wurde. Wenn dies geschah, brach ich zusammen.

Zum Glück waren meistens Menschen in der Nähe, die mich aufhoben. Sandy war immer noch bei mir, ebenso Freunde wie David Thompson, Jan Dudley und Jim und

Kathy Varn. Wenn ich auf der Straße zusammenbrach, waren sie meist in der Nähe und halfen mir.
Die Ärzte befürchteten, daß mein Herz im Laufe der Zeit schwächer und schließlich zu einem Problem werden würde. Ich hatte nicht das Gefühl, daß ich warten wollte, bis es ein Problem werden würde, denn für mich war es bereits ein Problem.
Ich hatte natürlich verschiedene Möglichkeiten. Ich konnte herumsitzen und darauf warten, bis mein Herz heilen und ich mich schließlich ganz erholen würde, oder ich konnte gleich anfangen, wieder zu arbeiten. Ich entschied mich für letzteres. Wegen meiner regelmäßigen Visionen bezüglich der »Zentren« begann ich mich für Elektronik zu begeistern. Ich eröffnete drei Firmen, die im Elektronikbereich tätig waren.
Eine Firma verkaufte Überspannungsableiter – eine Vorrichtung, die Haushaltsgeräte vor Überspannungen schützt. Es versteht sich, daß ich der ideale Verkäufer für dieses Produkt war, denn ich war das lebende Beispiel dafür, was einem Menschen zustoßen kann, der zuviel Strom abbekommt.
Ich arbeitete auch wieder für die Regierung und stellte elektronische Abhörschutzvorrichtungen her, die ich in der ganzen Welt in Regierungsgebäuden einbaute. Diese sogenannten »Maskierungsanlagen« sollen vor Lauschangriffen schützen.
Die dritte Firma stellte ein Gerät her, das ich in einer meiner Visionen sah, ein elektronisches Antifouling-Gerät, das Krebse von Schiffsrümpfen fernhält und damit den Fahrwiderstand reduziert und den Kraftstoffverbrauch senkt.

Diese Erfindung, die ich mit zwei Freunden entwickelte, war für die Umwelt sehr wichtig. Bis dahin konnte man Krebse nur mit einer hochgiftigen Farbe von Schiffsrümpfen fernhalten. Jetzt erreichte man denselben Effekt, indem man akustische Schwingungen durch den Schiffsrumpf schickte. Damit entlastete diese Erfindung die Umwelt in zweifacher Weise, indem erstens der Kraftstoffverbrauch gesenkt und zweitens die Einleitung von Giftstoffen in das Wasser verringert wurde.

Ich arbeitete auch mit tauben Menschen. Ich veränderte ein Gerät, einen sogenannten Tonsignalwandler, in der Art, daß Sprache in Schwingungen umgewandelt wurde. Dieses Gerät kann man an jeder Oberfläche anbringen, auch am menschlichen Körper. Wenn Musik oder Klänge durch den Wandler geleitet werden, beginnt er zu schwingen und verwandelt dasjenige, an dem er befestigt ist, in einen Lautsprecher. Diese Geräte brachte ich hinter den Ohren von Tauben an, so daß sie durch Schwingungen »hören« konnten. Helen Keller arbeitete mit einem ähnlichen Verfahren, als sie ihre Hände auf den Hals der Menschen legte und sie dadurch sprechen »fühlen« konnte.

Ich erinnere mich daran, daß eine Taube ängstlich dreinsah, als ich das Gerät hinter ihrem Ohr befestigte. Ihre Mutter verdeutlichte ihr immer wieder, daß alles in Ordnung sei, aber sie hatte Angst davor, was Hören sein könnte. Ich schaltete den Wandler an und sagte etwas zu ihr. Sie sah mich an und begann zu weinen. »Ich kann hören«, sagte sie. »Ich habe noch nie in meinem Leben etwas gehört.«

Wenn Taube plötzlich hören konnten, erinnerte mich dies

sehr daran, wie ich plötzlich außersinnliche Fähigkeiten erlangt hatte. Jahrelang hatten sie gelernt, in einer stummen Welt zurechtzukommen. Ihre übrigen Sinne hatten dies so gut kompensiert, daß ihnen vielleicht gar nicht bewußt wurde, daß ihnen etwas fehlte. Dann plötzlich wurde ihnen wie durch einen Blitzschlag eine Welt eröffnet, von deren Existenz sie nichts wußten. Sie waren erregt und entsetzt zugleich – wie wenn man etwas erkundet, von dessen Existenz man bisher nichts wußte.

Diese Wandler wurden mir auch in einer der Visionen gezeigt, die ich immer noch regelmäßig hatte. Ich nannte sie »Pucks«, weil sie mich an die kleinen schwarzen Scheiben erinnerten, die beim Eishockey benutzt werden. Ich wußte nicht, wie diese »Pucks« funktionierten, doch war in den Visionen deutlich geworden, daß sie Musik durch den Körper des Menschen schicken, der auf dem Bett liegt.

Durch die Visionen erkannte ich einige Dinge über den menschlichen Körper, unter anderen, daß wir wie diese Wandler spirituelle, geistige und physische Essenzen von uns selbst in die uns umgebende Welt aussenden. Wenn wir lernen, Kontakt mit unserem elektrischen und biologischen Selbst aufzunehmen, können wir zu höheren Wesen werden, die die spirituelle Seite des Lebens übertragen.

Meine Visionen über die Zentren handelten alle von einem besseren Verständnis des Körpers – wie er Energie erzeugt und wie man die Energie findet, die einen spirituellen Bezug hat. Wenn man so weit gelangt, daß man diese Energie kontrollieren und in eine positive Kraft

verwandeln kann, dann hat man denjenigen Teil in sich selbst gefunden, der Gott am nächsten steht.
Der Zweck der Zentren bestand darin, der menschlichen Energie eine neue Richtung zu geben. Doch dies wußte ich damals noch nicht. Ich bekam einfach den Auftrag, bestimmte Dinge zu tun. Ich gründete die oben erwähnten Firmen, weil mir dies die Geister sagten. Ich gründete auch eine Firma namens »Scientific Technologies«, die elektronische Bauteile herstellte.
Für jene Firma nahm ich mir einige Partner. Ich erklärte ihnen, daß ich die Firma gründen wollte, weil ich in meinen Visionen den Auftrag hierzu erhalten hatte. Sie glaubten mir, weil sie mich schon einige Jahre kannten. Sie wußten, daß ich vor dem Blitzschlag wenig von Elektrizität verstanden hatte; danach lehrten mich jedoch geistige Lehrer alles, was ich wissen mußte.
»Ich weiß nicht, warum ich diese Firma gründen muß; ich weiß nur, daß mir dies in meinen Visionen eröffnet wurde«, sagte ich zu meinen Partnern.
Sie waren bereit, meiner Vision zu folgen. Ich erhielt den Auftrag, die Firma an Umweltbelangen zu orientieren, und ich tat dies, indem ich weiterhin die Antifouling-Anlagen herstellte und auf Schiffen installierte. Eine Weile waren wir nicht sehr erfolgreich, bis die Antifouling-Farben verboten wurden. Die Behörden hatten schließlich genügend wissenschaftliche Daten gesammelt, die zeigten, daß sie umweltschädlich waren. Sie waren sogar so giftig, daß man sofort ins Krankenhaus mußte, wenn man im Hafen von Norfolk ins Wasser fiel. Nach dem Verbot der Farben gingen unsere Geschäfte glänzend.
1983 gab ich nach einer entsprechenden Vision die Schiffs-

elektronik auf und wandte mich wieder der Abhörsicherung zu, die ich noch heute betreibe.

Die Visionen gingen natürlich weiter. Sie handelten von Menschenfreundlichkeit und davon, wie ich die richtigen Bauteile für die Zentren finden könnte.
Ich war ehrenamtlich in der Sterbebegleitung tätig und arbeitete meist zu Hause bei den Todkranken. Ich tat dies, weil ich in meinen Visionen den Auftrag hierzu erhalten hatte. Ich besuchte die Kranken und erzählte ihnen meine Geschichte. Viele von ihnen hatten noch nie von Nah-Todeserfahrungen gehört. Weil sie selbst dem Tod so nahe waren, waren sie jedoch sehr daran interessiert, den Bericht eines spirituellen Reisenden zu hören, eines Menschen, der dort war, wo sie selbst bald sein würden.
Die meisten Menschen fürchten sich davor, am Sterbelager anderer Menschen zu stehen, weil sie eine unglaubliche Angst vor dem Tod haben und sich ihm so lange wie möglich entziehen wollen. Ich glaube, die Menschen müßten weniger Angst vor dem physischen Tod haben, wenn sie mehr Zeit mit Sterbenden zubringen würden. Ich sage nicht, daß der Tod nichts Schreckliches ist und keine schwere Erfahrung; aber neben dem Schmerz und der Angst, das physische Leben loszulassen, erwacht dabei auch unser spirituelles Wesen.
Als ehrenamtlicher Sterbebegleiter mußte ich auch demjenigen Angehörigen Beistand geben, der am Sterbebett wachte. Dies bedeutete vor allen Dingen, daß ich den Betreffenden manchmal ablöste. Ich tat dies gerne, denn wer dieses Amt wahrnimmt, braucht gelegentlich einmal eine Pause. Er stirbt jeden Tag ein klein wenig und wird

oft von den anderen Angehörigen kaum unterstützt. Familienmitglieder am Sterbebett fühlen sich nicht nur in einer Zwangslage, sondern stehen oft auch mit dem Sterbenden in irgendeinem Konflikt.

So half ich zum Beispiel einmal einer Mutter, die sich um ihren krebskranken Sohn kümmerte. Als ich zum Sterbebett kam, fühlte ich als erstes den Puls des Patienten. Ich tat dies, um erstens den Herzschlag zu prüfen und zweitens, um sein »Video« zu sehen.

Dieser junge Mann hatte ein schlimmes »Video«. Ich konnte sehen, wie seine Mutter, mit den Händen in ihre Hüften gestemmt und einem wütenden Gesicht am Bett stand. Er konnte sich ihrem Wortschwall nicht entziehen und war zornig darüber. Ich konnte spüren, wie die Wut in ihm hochkam, während sie redete.

»Du liebe Güte«, sagte ich zu dem Jungen. »Worüber ärgerst du dich so sehr?«

»Sie werden es nicht glauben«, sagte er. Dann erzählte er mir von den Schuldgefühlen seiner Mutter wegen seines Todes. Irgendwie fühlte sie sich dafür verantwortlich, daß er starb. Mehrmals am Tag stand sie an seinem Bett und redete darüber, was sie verbrochen hätte, daß er jetzt sterben müsse. Er sagte mir, daß dies alles Unsinn sei. In den letzten Tagen war es schlimmer geworden, weil sie *ihm* die Schuld an seiner Krankheit gab und sagte, daß er sie selbst provoziert habe.

»Ich sterbe an Krebs«, sagte er. »Es ist weder ihre Schuld noch die meine. Ich sterbe einfach.«

Als die Mutter zurückkam, führten wir ein gutes Gespräch über Schuld und Tod. Ich erzählte ihr meine Geschichte, durch die sie sich zu beruhigen schien.

»Laßt nicht zu, daß der Tod euch entzweit«, sagte ich zu der Mutter. »Sie würden sich dies nie verzeihen.«

Ein andermal ging ich zu einem Haus im Farmhausstil in einem Wohngebiet der Mittelschicht in South Carolina. An der Tür begrüßte mich eine Frau, die sich aufrichtig freute, mich zu sehen. Sie kümmerte sich um ihre Mutter, die, wie sie sagte, »etwas schwierig« war.

Die Tochter stellte mich ihrer Mutter vor und ging dann gleich weg. Ich tat das gleiche wie immer: Ich ergriff das Handgelenk der Frau und fühlte ihren Puls. Sofort begann das »Video«. Ich konnte sehen, wie sich die beiden Frauen zehn Minuten vor meiner Ankunft gestritten hatten. Was gesagt wurde, konnte ich nicht hören, aber ich spürte es und hatte die Empfindung, daß die Sterbende wirklich ein Biest war.

»Ich weiß nicht, worüber Sie beide sich stritten«, sagte ich. »Aber dies ist jetzt wirklich der falsche Zeitpunkt. Sie sollten jetzt gütig sein und nicht die beschwerliche alte Frau spielen.«

Ich faßte nochmals ihr Handgelenk und konnte sehen, daß der Grund für den Zorn der alten Frau ihr Mann war. Er war eines Tages ausgezogen und hatte den Verkauf ihres Hauses erzwungen, so daß sie nur bei ihrer Tochter bleiben konnte. Sie haßte es, bei ihrer Tochter zu wohnen, und ihre Tochter haßte es, sie bei sich zu haben.

»Seien Sie nicht wegen dem, was Ihr Mann Ihnen angetan hat, auf Ihre Tochter böse«, sagte ich. »Es ist doch nicht ihre Schuld.«

Die Frau glaubte, daß ihre Tochter mir von ihrem Streit erzählt hätte. Ich ließ sie in diesem Glauben, und wir sprachen zwei Stunden lang über Liebe und Zuwendung.

Als die Tochter später wieder nach Hause kam, erzählte ich ihr, in welcher Weise ich wirklich von ihrem Streit erfahren hatte, und wie es ist, tot zu sein.
In diesen Situationen am Totenbett war ich für meine paranormalen Fähigkeiten besonders dankbar. Die Sterbenden haben in der Regel nicht mehr viel Zeit, weshalb man am Sterbebett sehr direkt sein kann. Wenn noch etwas erledigt werden muß, dann wollen die Sterbenden dies sofort erledigen. Sie wollen Probleme offen ansprechen und lösen.
So ging ich zum Beispiel einmal in ein Haus, wo sich beide Eltern um ihre Tochter kümmerten, die an Brustkrebs im fortgeschrittenen Stadium erkrankt war. Die Tochter war verheiratet und hatte zwei Kinder. Dies konnte ich den Bildern an der Wand entnehmen.
Ich ging in das Zimmer, in dem die Tochter lag, und nahm ihren Puls. Sofort tauchte eine Szene vor meinem Geist auf. Ich sah, wie sie im Sprechzimmer eines Arztes saß und der Arzt ihr eine Röntgenaufnahme zeigte. Er wies auf einen bestimmten Bereich und sprach sehr direkt zu ihr, während sie die Hand vor den Mund hielt. Dann sah ich, wie sie das Sprechzimmer verließ und entschlossen war, nicht wiederzukommen.
In einer weiteren Szene sah ich, wie ihr Mann wütend darauf reagierte, daß sie Krebs hatte. Sie sah in der zweiten Szene krank aus, weshalb ich vermutete, daß dies schon einige Zeit nach ihrem Besuch beim Arzt war. Ich spürte eine große Anspannung bei ihrem Gespräch. Sie brauchte offenbar Zärtlichkeit, doch er hatte nur Zorn für sie übrig. Ich wußte, was geschehen war, und ich sprach sie direkt darauf an.

»Darf ich Sie etwas fragen, Jane?« sagte ich. »Warum sind Sie nicht mehr zum Arzt gegangen?«
»Ich konnte es einfach nicht glauben, und deshalb ignorierte ich es«, sagte sie.
Sie begann leise zu weinen, während sie mir erzählte, daß sie den Gedanken an eine Operation nicht ertragen konnte. Als der Krebs schlimmer wurde und ihr Mann sie zum Arzt brachte, stellte er fest, daß ihr die Krankheit schon bekannt war. Doch dann war es bereits zu spät. Ihr Mann war so wütend, daß er nichts mehr mit ihr zu tun haben wollte.
»Er ist wütend auf mich, weil ich nichts unternommen habe«, sagte sie. »Jetzt bleibt er allein mit den Kindern zurück und gibt mir die Schuld daran.«
»Es ist zu spät, um sich hierüber zu grämen«, sagte ich.
Als die Eltern wieder hereinkamen, sagte ich ihnen, warum ihr Schwiegersohn wütend war. Sie hatten nichts davon gewußt, daß die Diagnose schon länger gestellt worden war. Sie wußten nur, daß der Ehemann so wütend war, daß er seine Frau nicht mehr besuchen wollte. Jetzt verstanden sie zumindest den Grund dafür.
Leider hatte diese Geschichte keinen guten Ausgang. Ich ging zu dem Ehemann und versuchte ihm zu helfen, seinen Zorn zu überwinden. Er wollte nichts davon hören. Er war seiner Frau bis zu ihrem Tod böse, und soweit ich weiß, ging er nicht einmal zu ihrer Beerdigung. Aber ich hatte es wenigstens versucht.
Wie ich schon sagte, kam ich durch die Visionen zur Sterbebegleitung. Ich hatte den Auftrag erhalten, bei Sterbenden zu sein, um diese Situation aus der Perspektive anderer zu verstehen. Durch diese Arbeit wurde mir klar,

daß Streßabbau einen Schlüssel darstellte, um den Tod und das Leben von Menschen zu erleichtern.

Manchmal wunderte ich mich darüber, wie sich alles seit meinem Unfall entwickelt hatte. Hier war ich nun, dreizehn Jahre später, und hatte das Gefühl, eben erst aus dem Grab gestiegen zu sein. Körperlich sah ich wieder gut aus, war aber nicht wirklich gesund. Ich konnte weder sehr weit noch sehr schnell gehen, ohne bald wieder stehenbleiben und Atem holen zu müssen. Ich mied Treppen, denn Treppensteigen bedeutete für mich eine ebensolche Anstrengung wie für die meisten anderen Menschen ein Tausendmeterlauf. Wenn ich auf der obersten Treppe stand, war ich in Schweiß gebadet und rang nach Luft. Mein seelischer Zustand hatte sich sehr gebessert. Kurz nach dem Unfall saß ich da und plapperte den ganzen Tag. Wenn ich nicht von meiner Todeserfahrung sprach, dann über die Mission, die die Geistwesen mir gegeben hatten und derzufolge ich die Zentren bauen mußte. Ich konnte mich auf nichts anderes mehr konzentrieren, und deshalb spreche ich auch die ganze Zeit davon. Ich sprach auch jetzt noch sehr viel über meine Erfahrung, aber nicht mehr so zwanghaft wie früher. Visionen kamen immer noch, und ich fühlte mich getrieben, die Zentren so schnell wie möglich fertigzustellen. Bis auf das Bett, das mir immer noch ein Geheimnis war, wußte ich, wie ich diese Visionen verwirklichen konnte. Die Wandler, die mir in der Vision erschienen waren, hatten das Aussehen zweier nebeneinanderliegender Pucks. Auch andere Bauteile des Bettes erschienen in meinen Visionen. Nach und nach erkannte ich, worum es sich handelte, und konnte sie ausfindig machen. Das Problem lag darin, sicherzustellen, daß ich alle Bauteile hatte und daß sie in der richtigen Weise zusammenarbeiteten. Als Termin für die Fertigstellung des Bettes und der Zentren hatte ich das Jahr 1992 erhalten, und ich ging davon aus, daß ich diesen Termin ohne weiteres einhalten können würde, da mich die Visionen leiteten.

Allerdings bedeutete der Unfall und die jenseitigen »Mitbringsel«, die damit verbunden waren, eine schwere Belastung meines Privatlebens. Meine Ehe ging schließlich in die Brüche, weil Sandy das ständige Reden über das Erlebnis und die Notwendigkeit, die Zentren zu bauen, nicht mehr ertragen konnte. Ich konnte ihr keinen Vorwurf machen. Die ständigen Visionen und die psychischen Entwicklungen, zu denen noch die physischen Schädigungen hinzukamen, die ich erlitten hatte, machten ein Scheitern unserer Beziehung geradezu unausweichlich.

Trotz alledem konnte ich mit meinem Leben relativ zufrieden sein. Wie ich schon sagte, begann ich mich gerade wieder gut zu fühlen. Aber bevor ich mich aufrappeln und mir den Staub abklopfen konnte, traf mich ein neuer Schlag.

13
Herzversagen

Es passierte im Mai 1989. Ich hatte einige Jahre lang zu hart gearbeitet. Wenn ich nicht in Charleston oder im nahe gelegenen Aiken in einer meiner Firmen tätig war, arbeitete ich in Washington, wo ich im Pentagon Anti-Abhöranlagen installierte. Dieser Teil meiner geschäftlichen Tätigkeit allein erforderte mindestens sechzig Arbeitsstunden pro Woche.

Darüber hinaus lastete die Arbeit auf mir, die mir die Visionen aufbürdeten. Um Güte zu lernen, bekam ich den Auftrag, meine ehrenamtliche Tätigkeit als Sterbebegleiter fortzuführen. Ich tat diese Arbeit ohne Widerwillen. Ich hatte große Freude daran, Menschen zum Zeitpunkt ihrer größten Not zu helfen. Selbst nahe Angehörige lehnen manchmal Sterbende ab, nicht aus einem Mangel an Liebe, sondern weil sie die bittere Tatsache des Todes nicht akzeptieren können.

So fiel mir zum Beispiel auf, daß ein Mann Schwierigkeiten hatte, an das Bett seiner Mutter zu gehen, die sehr alt war und an Krebs erkrankt war. Er besuchte sie mit seinen Angehörigen zweimal täglich, doch blieb er nach kurzer Besuchszeit draußen im Gang stehen, während die übrige Familie mit seiner Mutter sprach.

Schließlich sprach ich den Mann an. Er wollte zuerst nicht mit mir sprechen und reagierte fast feindselig. Dann brach ich das Eis, indem ich zu ihm sagte: »Sie sind anscheinend böse auf Ihre Mutter.« Er sah mich an, wie wenn ich seine tiefsten Gedanken enthüllt hätte, doch war dies durchaus nicht der Fall. Ich glaube, jeder, der diesen Menschen ansah, hätte den Zorn in seinem Gesicht sehen können. Er war wütend auf den Tod und wütend auf seine Mutter, die ihren Tod akzeptierte und in ein Hospiz* gegangen war. Er konnte sich nicht damit abfinden, daß der Tod ihm seine Mutter nehmen würde, die eine seiner engsten Vertrauten war. In einer eigentümlichen, beinahe unerklärlichen Weise hatte er das Gefühl, daß sie ihn ablehnte.

»Ich möchte sie nicht hergeben, weil ich sie nie wieder sehen werde«, sagte er, und seine Stimme begann zu zittern.

Ich sagte ihm, daß sein Verhalten ganz natürlich sei. Ich hatte es schon öfter erlebt. Er schlüpfte wieder in die Rolle des Kindes. Obwohl er ein erwachsener Mann mit Familie und einer guten beruflichen Position war, reagierte er immer noch wie Mutters kleiner Junge. Und wenn er jetzt nicht das bekam, was er erwartete, dann wollte er nicht mehr mit seiner Mutter reden.

»Das Problem ist folgendes«, sagte ich zu ihm. »Ihre Mutter weiß, daß es Zeit zu sterben ist, und sie sieht dem Tod mit Mut entgegen. Sie müssen bei ihr sein, weil Sie daran nichts ändern können. Ihre Zeit ist gekommen.«

Dann erzählte ich ihm von Nah-Todeserfahrungen und meiner eigenen Geschichte. Er hörte mit größtem

* So bezeichnet E. Kübler-Ross klinische Einrichtungen, die speziell der Betreuung Todkranker dienen.

Staunen, daß der Tod der Anfang eines großen Abenteuers und nicht das Ende ist.
Dies war eine heilende Begegnung für diesen Mann, der anschließend wieder in das Zimmer seiner Mutter ging und ihr für den Rest des Lebens ein guter Sohn war.
Auch für mich war diese Erfahrung lehrreich, denn mir wurde klar, warum die Geistwesen meinen Einsatz als ehrenamtlicher Sterbebegleiter wollten.
Ich arbeitete durchschnittlich zwanzig Stunden pro Woche in Hospizen und Pflegeheimen, manchmal auch mehr. Wenn es mit den Patienten zu Ende ging, blieb ich rund um die Uhr an ihrem Bett, sofern sie es wünschten. Dadurch verlor ich viel Schlaf, aber das zählte nicht im Vergleich zu dem, was ich von den Sterbenden lernte.
Auch andere Themen der Visionen trieben mich zu Überstunden. Ich hatte schon 1979 die ersten Versionen des Bettes gebaut, aber ich arbeitete immer noch an den Bauteilen. Inzwischen hatte ich sie alle gefunden, begriff aber nicht ganz, wie ich sie zusammenfügen mußte. Ich arbeitete hart an der Vollendung dieses Puzzles, wobei ich keinen anderen Weg wußte, als mich an die Visionen zu halten.
Die Gespräche über diese Visionen entwickelten sich allmählich zur Belastung für meine Freunde. Oft hörte ich sie sagen, daß ich verrückt sei, lange nur hinter meinem Rücken, aber irgendwann wurde es ihnen gleichgültig, ob ich es hörte oder nicht. Nach einer besonders anstrengenden Woche – ich konnte kaum mehr meine Augen offenhalten – sagte ein guter Freund: »Warum schläfst du nicht einmal? Vergiß diese Visionen und lebe endlich. Diese Visionen sind dir nur im Wege.«

Ich gab ihm von Herzen recht. Die Visionen waren eine Belastung. Manchmal wünschte ich mehr als sonst irgend jemand, daß sie aufhören mögen. Aber ignorieren konnte ich sie einfach nicht.
All dies trieb mich zu härterer Arbeit an, als mir guttat. Ich baute ab. Zunächst war ich ständig erschöpft. Ich wachte schon müde auf und blieb müde – bis ich abends ins Bett ging. Ich hielt es zunächst für eine hartnäckige Grippe und versuchte, mich durch Schlafen von ihr zu befreien.
Ich erholte mich kurz, aber sobald ich meinen anstrengenden Tageslauf aufnahm, ging es wieder bergab. Ich fuhr jede Woche Hunderte von Kilometern zwischen meiner Wohnung und Washington hin und her. Dabei fühlte ich mich körperlich schlecht, mußte aber weiter hart arbeiten, damit meine Firma überlebte. Ich ahnte aber, daß ein gravierendes Gesundheitsproblem anstand, denn meine Lungen fühlten sich verstopft an, und ich hustete die ganze Zeit, doch kam nichts hoch.
In welch schlechter Verfassung ich war, wurde mir schließlich schlagartig klar, als ich mit meinem Partner Robert Cooper nach Charleston fuhr. Ich war in Schweiß gebadet. Ich legte mich auf den Rücksitz und hoffte, daß mir ein wenig Ruhe guttun würde. Es half nichts. Den ganzen restlichen Tag konnte ich nicht gerade sitzen, ohne schwindlig zu werden. »Es muß eine Lungenentzündung sein«, sagte ich zu Robert.
Ich legte mich einige Tage ins Bett und fühlte mich tatsächlich besser. Sobald ich jedoch aufstand und wieder normal arbeiten wollte, fühlten meine Lungen sich wieder so hart an, und es ging mir schlechter.

Ich war mir jetzt sicher, daß ich eine Lungenentzündung oder eine hartnäckige Grippe hatte. »In der Notfallaufnahme wird man damit fertig werden«, sagte ich zu einer Geschäftspartnerin. Sie wußte, daß es einen schweren Schritt bedeutete, in ein Krankenhaus zu gehen, denn ich scherzte immer: »Ich gehe nicht gerne in Krankenhäuser, denn ich sterbe dort jedesmal.« Sie begleitete mich zum East Cooper Hospital, das nur wenige Häuserblocks entfernt war. Dort angelangt, hatte ich ein Gefühl, als ob ich einen Marathonlauf absolviert hätte. An der Aufnahmetheke trug ich in ein Formblatt meine Krankengeschichte ein, was mich den Rest meiner Energie kostete. Schließlich schickte mich die Dame an der Theke sofort in einen Behandlungsraum, während mein Partner das Aufnahmeformular ausfüllte.

»Ich glaube, ich habe einfach eine Grippe«, sagte ich zum untersuchenden Arzt, der entsetzt meine Krankengeschichte las.

Ich rang jetzt nach Luft, und es schien, als ob meine Lungen eine Tonne wiegen würden. Er horchte mein Herz und meine Lungen mit seinem Stethoskop ab. Er zog die Augenbrauen in die Höhe, rief eine Schwester und ließ sie ein EKG-Gerät bringen. Zusammen mit der Schwester befestigte er schnell die Elektroden an meiner Brust und ließ ein Band durchlaufen, das einem jener Diagramme an der Börse ähnelte. Er prüfte das Band kurz und schickte es dann zur eingehenderen Prüfung zu einem Spezialisten.

Ohne mir von der Seite zu weichen, half er mir in mein Hemd und beobachtete mich die ganze Zeit in einer Weise, die mich nervös machte. Als der Bericht des

Facharztes zurückkam, verließ er das Vorhangkabinett, in dem ich saß, um den Bericht zu lesen. Nach seiner Rückkehr schien er noch nervöser geworden zu sein.
»Wollen Sie die Wahrheit wissen?« fragte er.
»Nichts als die Wahrheit«, sagte ich.
»Nun, Sie haben in der Tat einen Infekt, der eine Lungenentzündung verursacht hat«, sagte er. »Aber ich fürchte, daß Sie kurz vor dem Herzstillstand sind. Wenn wir Sie nicht sofort in dieses Bett stecken und auf die Intensivstation bringen, werden Sie möglicherweise schon in einer Dreiviertelstunde tot sein.«
Ich schätzte seine Offenheit und dachte, daß er wirklich mutig ist. Die meisten Ärzte reden um den heißen Brei herum, bevor sie einem Patienten sagen, daß es mit ihm zu Ende geht. Dieser Arzt aber machte keine Umstände – vermutlich wegen meines äußerst kritischen Zustands. Vielleicht blieb er jetzt ständig an meiner Seite, weil er erwartete, daß ich vor Schreck sterben würde. Aber wovor hätte ich Angst haben sollen? Ich war schon einmal gestorben, und es hatte mir gefallen. Ich war bereit, wieder zurückzukehren. Es bedeutete für mich eine Erleichterung zu wissen, daß ich möglicherweise in weniger als einer Stunde tot sein würde.
Als der Arzt nicht von meiner Seite wich, beschloß ich, die Stimmung im Raum etwas aufzulockern. Ich wandte mich lächelnd an ihn: »Nun, zum Teufel, Herr Doktor, finden Sie nicht, daß ich mich hinlegen sollte?«

Während der nächsten Stunden stand ich im Mittelpunkt der allgemeinen Aufmerksamkeit. Eine Infusion wurde angelegt, und ich bekam massive Gaben Antibiotika. Arzt um Arzt kam herein und hörte mein Herz ab. Ich wurde verschiedenen Tests unterzogen. Unter anderem wurde ein Herzkatheter gelegt, wobei über eine Beinarterie ein Schlauch bis zu meinem Herzen vorgeschoben und ein Kontrastmittel eingespritzt wurde, so daß die Ärzte meine Herzaktivität auf einem Bildschirm betrachten konnten. Dieser Test diente dazu, die Verfassung meines Herzens genau festzustellen. Das Problem hatten die Ärzte schnell erkannt: Ich hatte mir durch eine Schnittverletzung an der Hand eine Staphylokokkeninfektion zugezogen. Zunächst verursachte diese Infektion das Gefühl einer Grippe. Als ich dies ignorierte, bekam ich eine Lungenentzündung. Dann griff die Infektion direkt auf meine schwächste Stelle über, mein vom Blitz geschädigtes Herz. Dort konzentrierte sie sich auf die Aortenklappe und verrichtete dort ihr Zerstörungswerk, bis diese ihre Ventilfunktion nicht mehr richtig ausübte.

Der Blitzschlag hatte die Pumpleistung meines Herzens bereits um fast 50 % verringert. Mit der jetzt beschädigten und undichten Herzklappe ertrank ich in meinem eigenen Blut. Die Folge waren große Schmerzen. Ich rang um Luft und hustete Blut aus. Von den Antibiotika wurde mir übel, und das ständige Piksen und Stochern der Ärzte empfand ich eher als Belastung als eine Hilfe. Trotzdem war ich guter Dinge und behielt während der ganzen scheußlichen Prozeduren ein Lächeln. Ich wußte, daß ich sterben mußte, und war darüber nicht unglücklich.

»Wissen Sie, Herr Doktor, der Tod ist schon in Ordnung. Es tut nur weh, bis man soweit ist.«

»Wie bitte?« sagte einer der Ärzte und sah von seinem Notizblock auf.

»Ich bin schon einmal gestorben, und es war wirklich sehr angenehm«, sagte ich. »Es tut nur weh, bis man soweit ist.«
»Ich sehe, daß Sie schon einmal gestorben sind«, sagte er, indem er einen Blick auf meine Krankengeschichte warf. »Nicht viele überleben einen solchen Blitzschlag, jedenfalls nicht, wenn das Herz so lange stillsteht wie Ihres.«
»Ich bedaure es, daß ich überlebt habe, Herr Doktor. Es war großartig dort drüben. Ich wollte nicht zurückkommen.«
»Machen Sie sich keine Sorgen«, sagte der Arzt. »Wir werden unser möglichstes versuchen, Sie durchzubringen.«
»Sie verstehen mich nicht«, sagte ich zum Arzt. »Ich *will* sterben. Ich war dort, und es ist schön dort. Seit ich wieder zurück bin, komme ich mir wie eingesperrt vor. Im Himmel kann man das ganze Universum durchstreifen.«
Der Arzt sah mich einen Augenblick an und sah das Lächeln auf meinem Gesicht. Ich glaube, es machte ihn nervös, denn er winkte einer Schwester draußen auf der Station.
»Schwester«, sagte er. »Messen Sie bitte Herrn Brinkleys Temperatur. Ich glaube, er hat Fieber.«

Ich überlebte die Nacht.
Meine gute Freundin Franklyn hatte meinen Vater angerufen, und er hatte eine Telefonkette in Gang gesetzt. Bis zum Morgen waren meine Angehörigen im Krankenhaus. Bald war der Raum voller Menschen, die bei meinem Anblick ihre Gefühle kaum beherrschen konnten. Krankheit hat interessante Augenblicke, und hierzu ge-

hört, wie einen andere Menschen ansehen. Ich hatte fassungslose Blicke gesehen, als mich der Blitz getroffen hatte, aber diesmal war ich mir meiner Umgebung bewußt und konnte die Wirkung meines Aussehens auf andere viel klarer wahrnehmen. Es war beinahe so, wie wenn ich eine Leinwand wäre und die Menschen, die den Raum betraten, die schaurigsten Szenen aus dem *Exorzisten* betrachteten.

Ich kann ihnen keinen Vorwurf machen, denn was sie sahen, war ziemlich gräßlich. Ich war bis zu meinen Fingernägeln blauschwarz. Das Laken um meinen Kopf war vom Blut verschmiert, das ich aushustete. Jeder Atemzug war ein Kampf, weil meine Lungen mit Flüssigkeit volliefen und beim Ausatmen rasselten.

Es war für die Besucher schaurig, am Sterbebett eines Menschen zu stehen, der so fröhlich war. Aber ich konnte einfach nicht anders. Ich sagte zu meinem Vater, daß es einfach eine Frage der Perspektive sei. »Für dich ist es, wie wenn ich weggehen würde und nie mehr zurückkäme«, sagte ich zu ihm. »Für mich ist es so, wie wenn ich nach Hause gehen würde.«

Eine Schwester kam mit Formularen herein, die sie mir zum Unterschreiben gab. Ich sah sie mir an und sah, daß es um die Einwilligung in eine Herzoperation ging. Mehrere Chirurgen hatten mir gesagt, daß ich nur überleben könne, wenn sie versuchen würden, meine Aortenklappe durch eine künstliche Herzklappe zu ersetzen. Ich sagte ihnen, daß ich bereit war zu sterben und daß ich nicht operiert werden sollte, aber sie hörten nicht zu. Sie hatten die Formblätter trotzdem vorbereitet, weil sie davon ausgingen, daß ich meine Meinung ändern würde.

»Ich werde nicht unterschreiben«, sagte ich. »Jetzt soll Gott das letzte Wort haben.«

Zwei Chirurgen kamen in das Zimmer. Sie hatten einen strengen, sachlichen Blick, als sie an mein Bett traten. Der eine von ihnen legte mir dar, wie es um mich stand, während der andere dabeistand und beobachtete.

»Je länger Sie warten, desto geringer werden Ihre Chancen, eine Operation zu überleben«, sagte er.

»Gut, denn es wird keine Operation geben«, sagte ich.

»Wenn wir nicht innerhalb von zehn Stunden operieren, wird Ihr Herz für eine Operation zu schwach sein«, beharrte er.

»Wunderbar«, sagte ich. »Dann werde ich sterben können.«

Ich sah, wie mein Vater in einer Ecke des Zimmers mit Franklyn sprach. Wenig später verließ sie den Raum.

»Wir lassen die Formulare hier«, sagte der Chirurg. »Sie können sie unterschreiben, wenn Sie es sich anders überlegen.«

Einige Minuten später kam Franklyn zurück. Sie sprach kurz mit meinem Vater, dann kamen beide an mein Bett.

»Franklyn hat soeben Raymond angerufen«, sagte mein Vater. »Er ist unterwegs.«

Ich freute mich, daß er kam. Er war mehrere Monate in Europa auf einer Vortragsreise gewesen. Er hatte nicht gewußt, daß ich im Krankenhaus lag, nicht einmal, daß ich krank war. Franklyn sagte, daß er noch einen Flug aus Georgia bekommen hatte und in wenigen Stunden hier sein würde. Ich würde ihn nochmals sehen können, bevor ich starb.

Wir warteten also. Ich weiß nicht mehr, was alles geredet

wurde, aber ich weiß, was ich dachte: *Jetzt habe ich keine Möglichkeit mehr, die Zentren fertigzustellen. Ich sollte eine Anlage bis 1992 vollendet haben, aber es sieht nicht so aus, als ob ich dies noch schaffen würde. Ich werde heute noch sterben.*

Nachdem so einige Stunden vergangen waren, trat Raymond in das Zimmer. Was er sah, schockierte ihn offensichtlich. Vier Leute umstanden mein Bett mit einem düsteren und entsetzten Gesichtsausdruck, während ich scherzte und versuchte, sie aufzumuntern. Raymond stellte sich zu ihnen und versuchte, lässig zu sein.

»Du siehst ja nicht so toll aus«, sagte er in seiner sanften Art. »Die Ärzte hier können dich wieder in Ordnung bringen.«

»Ich möchte nicht in Ordnung gebracht werden«, sagte ich. »Ich möchte einfach sterben.«

Ganz der gute Doktor, ließ sich Raymond nicht beirren. »Kann ich irgend etwas tun, das deine letzten Stunden angenehmer macht?« fragte er.

»Doch, du kannst etwas tun«, sagte ich zu Raymond. »Geh hinunter zu Arbys und hol mir ein Roastbeef-Sandwich mit einer Unmenge Meerrettich. Ich möchte mit einem Cholesterinschock hinübergehen.«

Wir alle lachten, und ich selbst so sehr, daß das Blut aus meiner Nase lief. Dann begannen Raymond und ich uns darüber zu unterhalten, wie wir uns begegneten, und über all die Menschen, mit denen wir gesprochen hatten. Er sagte, daß alle, die ein Nah-Todeserlebnis gehabt hatten, keine Angst mehr vor dem Tod hatten, doch war dies das erste Mal, daß er dies so deutlich demonstriert bekam.

»Wie kommt es, daß du keine Angst hast?« fragte er.

Die Antwort fiel mir nicht schwer: »Weil das Leben auf

der Erde so ist, wie wenn man in das Sommerlager gehen *muß*. Man kann die Leute nicht ausstehen, und man vermißt seine Mama. Raymond, ich gehe nach Hause.«
Raymond versuchte, meine Angehörigen und Freunde zu trösten. Ich hörte, wie sie sprachen, aber ich achtete jetzt nicht darauf. Ich war damit beschäftigt, meine Gedanken zu ordnen, und ich versuchte herauszufinden, ob ich in diesem Leben noch irgend etwas unerledigt gelassen hätte. Schließlich kam Raymond wieder an mein Bett.
»Du mußt nicht sterben«, sagte er. »Bleib um meinetwillen. Ich brauche deine Hilfe.«
Raymond hatte ein wunderbares und verständnisvolles Lächeln auf seinem Gesicht, und seine Stimme hatte etwas Bittendes. Plötzlich hatte ich das Gefühl, daß ich noch gebraucht werde, und dies war ein grundlegendes menschliches Anliegen, dem ich mich nicht verschließen konnte. »Also gut«, sagte ich. »Gib mir die Formulare.«
Sobald ich sie unterzeichnet hatte, machte sich das Chirurgenteam an die Arbeit. Jemand schnitt eine Öffnung in meinen Hals und schob einen Schlauch hinein. Ein anderer schnitt eine Öffnung in mein Bein und führte einen Schlauch ein, den sie bis zu meinem Herzen schoben.
Zu diesem Zeitpunkt war ich bereits so schwach, daß die Ärzte im East Cooper-Krankenhaus beschlossen, mich zum Roper Hospital zu transportieren, wo schwierigere Operationen durchgeführt wurden. Sie behielten mich noch über Nacht da, weil sie hofften, daß eine Besserung eintreten würde; als dies nicht der Fall war, beschlossen sie, die Operation nicht länger aufzuschieben.
Aus der Zeit nach meiner Ankunft im Roper-Krankenhaus kann ich mich nur mehr an wenig erinnern. Ich weiß

noch, daß eine Schwester hereinkam, um mich zu rasieren. Dann erinnere ich mich, daß ich an der einen Bettseite nach unten blickte und grüne Krankenhausstiefel neben mir gehen sah, als ich in den OP gefahren wurde. Dann sah ich noch einen Mann mit einer grünen Maske, der mir zwei Spritzen in den Po gab. »Das wird Sie entspannen«, sagte er.
Dann war alles schwarz.

14
Mein zweiter Tod

Um mich war Schwärze, aber ich hörte Stimmen.
»Ich habe kein gutes Gefühl bei dem hier.«
»Wem sagst du das. Er hat einen Infekt, ist geschwächt, sein Herz ist vom Blitzschlag beschädigt, und er ist in sehr schlechter physischer Verfassung. Es wird schwierig.«
»Ich wette mit dir einen Zehner, daß er es nicht schafft.«
»Abgemacht.«
Ich glitt aus der Schwärze heraus und sah die gleißende Helle des Operationssaals. Ich sah die beiden Chirurgen und die beiden Operationsassistenten, die um mein Leben gewettet hatten. Sie betrachteten sich die Röntgenaufnahmen meiner Brust auf einem Lichtkasten und warteten darauf, daß die vorbereitenden Arbeiten durchgeführt wurden, damit sie sehen konnten, wer die Wette gewinnen würde. Ich sah von einem Ort aus auf mich herab, der ein gutes Stück über der Decke zu sein schien. Ich sah zu, wie sie meinen Arm streckten und an einer Edelstahlhalterung festschnallten.
Eine Schwester bestrich mich mit einem braunen Antiseptikum und deckte mich mit einem sauberen Laken zu. Jemand anders gab mir ein Mittel direkt in den Infusionsschlauch. Dann machte ein Mann mit einem Skalpell einen sauberen, geraden Schnitt längs meines Brustbeins. Er zog die Haut weg. Ein Assistent gab ihm ein Gerät, das

wie eine kleine Säge aussah, und er setzte es auf meinem Brustbein an. Dann schaltete er es an und sägte meine Brust auf. Er setzte einen Spreizer in den Schnitt ein, und mein Brustkorb wurde aufgehebelt. Ein anderer Arzt schnitt die Hauthülle um mein Herz weg. An diesem Punkt konnte ich »live« mein eigenes Herz schlagen sehen.

An mehr kann ich mich nicht erinnern. Ich glitt wieder aus dem Operationsgeschehen heraus und kam an einen Ort, an dem mich Schwärze einhüllte. Ich hörte Glocken läuten, dreimal drei Glocken, denen jeweils noch ein Ton nachfolgte. In der Finsternis öffnete sich ein Tunnel. Die Wände dieses Tunnels waren gefurcht wie ein frisch gepflügter Acker. Diese Furchen verliefen längs des Tunnels in Richtung des hellen Lichts an dessen Ende. Sie waren silbergrau mit goldenen Flecken.

Nachdem ich gesehen hatte, wie die Ärzte meine Brust öffneten und Wetten auf mein Überleben abschlossen, war mir klar, daß ich wohl nicht überleben würde. Aber dies erschreckte mich nicht, im Gegenteil. Mein Körper war mir eine Last gewesen, seit ich vom Blitz getroffen worden war. Jetzt war er weg. Ich konnte wieder frei das Universum durchstreifen.

Am Ende des Tunnels empfing mich ein Lichtwesen – dasselbe, das mich beim ersten Mal begrüßt hatte. Ich werde oft gefragt, ob diese Wesen ein Gesicht haben. Ich habe beide Male kein Gesicht gesehen, nur einen hell glänzenden Geist, dem ich anvertraut war und der offensichtlich wußte, wohin ich gehen sollte. Er zog mich zu sich hin, und dabei dehnte er sich aus, fast wie ein Engel, der seine Flügel spreizt. Ich war in diese Lichtflügel eingehüllt, und dann zog wieder mein ganzes Leben an mir vorüber.

Die ersten 25 Jahre tauchten ebenso vor mir auf wie bei meiner ersten Nah-Todeserfahrung. Ich sah weitgehend dieselben Dinge nochmals: das böse Kind, das ich war, meine Zeit als Heranwachsender und wie ich zu einem heimtückischen Soldaten wurde. Ich kann nicht leugnen, daß es mir weh tat, diese Jahre nochmals zu erleben, doch wurde der Schmerz durch die Jahre nach meinem ersten Tod gemildert. Ich war irgendwie stolz auf diese Jahre. Die ersten 25 Jahre waren schlimm, doch sah ich in den folgenden vierzehn Jahren einen veränderten Menschen. Ich sah das Gute, das ich in meinem Leben erreicht hatte. Nacheinander sah ich bedeutende und unbedeutende Ereignisse, während ich in dieser Lichthülle stand.

Ich sah mir zu, wie ich in Pflegeheimen Freiwilligendienst leistete und auch die kleinsten Pflichten auf mich nahm, wie z. B. jemandem beim Aufstehen oder beim Kämmen zu helfen. Mehrmals sah ich mich bei Arbeiten, die niemand sonst verrichten wollte, wie z. B. Zehennägel schneiden und Windeln wechseln.

Einmal zum Beispiel half ich bei der Pflege einer älteren Frau. Sie war schon so lange bettlägerig, daß sie steif geworden war und sich kaum noch bewegen konnte. Ich hob sie wie ein Kind aus dem Bett heraus (sie wog höchstens noch 35 kg) und hielt sie, während die Schwestern das Bett frisch bezogen. Damit sie wieder einmal etwas anderes sehen konnte, trug ich sie auf meinen Armen durch das Gebäude.

Ich wußte, daß ich ihr damit eine große Freude gemacht hatte, denn sie dankte mir überschwenglich, als ich wegging. Als ich jetzt dieses Ereignis wiedererlebte, spürte ich aus der Perspektive, die ich an diesem himmlischen Ort hatte, ihre Dankbarkeit dafür, daß sie wieder einmal jemand gehalten hatte.

Ich erlebte auch ein Ereignis in New York nach, als ich einige Bettlerinnen in ein chinesisches Restaurant zum Essen einlud. Ich sah, wie diese Frauen auf der Straße in Mülltonnen wühlten, und ich empfand Mitleid mit ihnen. Ich begleitete sie in ein kleines Restaurant und spendierte ihnen ein warmes Essen.

Als ich dies wiedererlebte, spürte ich, wie sie dem Fremden erst mißtrauten. Wer war dieser Mann, und was wollte er? Sie waren es nicht gewöhnt, daß ihnen jemand etwas Gutes tun wollte. Als jedoch das Essen kam, waren sie dankbar für diese menschliche Geste. Wir blieben fast vier Stunden in dem Restaurant und tranken mehrere große Flaschen chinesischen Biers. Die Mahlzeit kostete mich über 100 Dollar, doch war dieses Geld nichts im Vergleich zu der Freude, diese Tat wiederzuerleben.

Ich sah Mal- und Collagewettbewerbe, die ich mit anderen für geistig behinderte Patienten in einer Klinik organisierte. Weil meine Freundin als Sozialarbeiterin für psychiatrische Fälle im selben Krankenhaus arbeitete, hatte ich die Gelegenheit, an einem Versuch teilzunehmen, den ich in dieser Lebensrückschau wiedererlebte.

Es war im Grunde ein ganz einfacher Versuch. Wir wollten mehrere geistig Kranke in die Kirche bringen. Die meisten dieser Patienten stammten aus dem tiefen Süden und hatten in ihrer Kindheit Kirchenlieder gesungen. Warum sollten wir sie nicht einmal mit in die Kirche nehmen? Vielleicht würden die Lieder einen Bereich in ihrer Seele berühren, an dem sie noch zugänglich waren. Wir gingen mit etwa zwanzig Patienten in eine große presbyterianische Kirche und setzten uns mit ihnen in die letzte Reihe. Am Ende des Gottesdienstes sangen viele der Patienten Lieder, die sie früher gesungen hatten, bevor sie geisteskrank geworden waren. Einige dieser Menschen hatten seit zehn Jahren kein Wort mehr gesprochen.

Als ich dieses Ereignis wiedererlebte, spürte ich, wie der Gang zur Kirche diesen Patienten half, wieder Anschluß an die wirkliche Welt zu finden. Ich fühlte die guten Empfindungen, die sie hatten, als sie Punsch tranken, Plätzchen aßen und die guten alten Zeiten wiedererlebten, als sie noch zur Kirche gingen, bevor die Krankheit sie befiel.

Ich sah Aids-Kranke, um die ich mich gekümmert hatte. In vielen Szenen erlebte ich, wie ich ihnen half, tägliche Verrichtungen durchzuführen, wie z. B. zum Friseur zu gehen oder etwas zur Post zu bringen. In dieser Rückschau spürte ich, wie wichtig es ihnen war, daß sie nicht von anderen für ihre Krankheit verurteilt wurden. Ein Ereignis erlebte ich besonders ausführlich: wie ich einem jungen Mann bei der schwierigen Aufgabe half, seiner Familie mitzuteilen, daß er an Aids erkrankt war.

Ich sah, wie ich mit ihm in das Wohnzimmer seiner Eltern ging. Er hatte seine ganze Familie um eine Zusammenkunft gebeten, weil er etwas Wichtiges mitzuteilen habe. Jetzt waren in dem Zimmer seine Eltern, seine Geschwister und sogar einige Tanten versammelt.

Wir nahmen auf einem Stuhl vor ihnen Platz, und es

sprudelte sofort aus ihm heraus: »Mama, Papa, ihr alle, ich habe Aids.«

Diese Mitteilung traf alle Anwesenden wie ein Schock. Die Mutter rang um Luft und begann zu weinen, und der Vater ging zur Haustür hinaus, um mit seinem Kummer allein zu sein.

Die Familie wußte seit einiger Zeit, daß irgend etwas mit dem jungen Mann nicht in Ordnung war, denn er sah schlecht aus und hatte erheblich Gewicht verloren. Niemand ahnte jedoch im geringsten, daß er Aids hatte.

Dies war eine äußerst schmerzhafte Zusammenkunft, die kein gutes Ende nahm. Der Mann wurde von seinem Vater abgelehnt, der die Homosexualität seines Sohnes nicht akzeptieren konnte. Auch die Mutter kümmerte sich nach dieser Eröffnung kaum mehr um ihren Sohn. Als ich dieses Ereignis wiedererlebte, spürte ich die Scham der Familie über dasjenige, was sie soeben gehört hatten. Ich war damals wütend auf sie, weil sie nicht so reagierten, wie sie hätten reagieren sollen. Aber jetzt empfand ich Mitgefühl mit ihnen, denn ich spürte, wie sie sich fühlten, und es wurde mir deutlich, daß es für sie ein wirklicher Schock war, diese furchtbare Nachricht zu hören. Sie waren in keiner Weise auf so etwas gefaßt gewesen.

Nachdem wir das Wohnzimmer verließen, war der junge Mann am Boden zerstört. Wir hatten oft über den Augenblick dieses Bekenntnisses gesprochen. Er wollte mit seiner Familie ins reine kommen und hatte aufrichtig gehofft, daß sie es akzeptieren könnte. Die Zurückweisung, die ihm in diesem Zimmer entgegenschlug, traf ihn bis ins innerste Mark.

Ich selbst war über die Reaktion der Familie erschüttert.

Auch ich hatte geglaubt, daß sie zu ihrem Sohn stehen würden. Hatte ich einen Fehler gemacht, als ich ihm riet, sich seiner Familie zu offenbaren? Hätte ich ihm empfehlen sollen, es lieber zu verschweigen? Ich fühlte mich damals sehr elend.

»Hören Sie«, sagte ich zu ihm, als er auf der Fahrt zurück ins Krankenhaus weinend neben mir saß. »Sie müssen sterben. Sie mußten es einfach tun, um Ihre Selbstachtung zu wahren. Sie haben sich schließlich überwunden, und dies ehrt Sie.«

Ich war mir in diesem Fall bei allem unsicher, was ich tat. Ich ging sogar nochmals zu den Eltern dieses Mannes und bat Sie, Ihrem Sohn in seinen letzten Tagen zu verzeihen. Trotzdem fühlte ich mich schuldig, wie wenn ich Mitverantwortung an einer Katastrophe gehabt hätte.

Als ich jedoch jetzt dieses Ereignis wiedererlebte und die Empfindungen aller Beteiligten spürte, wußte ich, daß ich richtig gehandelt hatte. Obwohl es für alle Beteiligten ein äußerst schmerzliches Ereignis war, konnte der junge Mann letztlich das Gefühl haben, daß er jenen verborgenen Teil seines Lebens seiner Familie geoffenbart hatte und nun in Frieden sterben konnte.

Die Lebensrückschau bei dieser zweiten Nah-Todeserfahrung war wunderschön. Im Gegensatz zu meinem ersten Erlebnis, das voller Chaos, Aggressionen und Tod war, war dies ein Feuerwerk guter Taten. Wenn ich gefragt werde, wie es ist, ein gutes Leben in den Armen der Lichtwesen wiederzuerleben, dann sage ich, daß es wie ein großartiges Silvesterfeuerwerk ist, bei dem das

Leben sich in prachtvollen Szenen entfaltet, in denen die Empfindungen und Gefühle aller Beteiligten aufleben.
Nach der Lebensrückschau gab mir das Lichtwesen die Gelegenheit, allen zu verzeihen, die mir jemals etwas angetan hatten. Damit konnte ich den Haß abschütteln, den ich in mir gegen verschiedene Menschen aufgebaut hatte. Ich wollte vielen dieser Menschen nicht vergeben, weil ich das Gefühl hatte, daß dasjenige, was sie mir angetan hatten, unverzeihlich war. Sie hatten mir im geschäftlichen und privaten Leben weh getan, und ich konnte nichts als Zorn und Verachtung für sie empfinden.
Das Lichtwesen aber sagte mir, daß ich ihnen vergeben müsse. Es machte mir deutlich, daß ich andernfalls auf der spirituellen Ebene steckenbleiben würde, auf der ich mich jetzt befand.
Was hätte ich tun sollen? Im Vergleich zu einem spirituellen Fortschreiten waren diese irdischen Ereignisse Belanglosigkeiten. Nachsicht durchflutete mein Herz und eine intensive Empfindung der Demut. Erst dann begannen wir aufwärts zu steigen.
Das Lichtwesen vibrierte. Während unseres Aufstiegs verstärkte sich die Schwingung, und der vom Lichtwesen erzeugte Ton wurde lauter und höher. Wir gingen durch dichte Energiefelder aufwärts, deren Farbe von Tiefblau in ein weißliches Blau überging, und an diesem Punkt hielten wir an. Dann wurde der Ton des Wesens wieder tiefer, und wir bewegten uns nach vorne. Wieder flogen wir, wie bei dem ersten Erlebnis, auf eine mächtige Bergkette zu, an der wir nach unten sanken und auf einem Plateau landeten.

Auf diesem Plateau stand ein gewaltiges Gebäude, das wie ein Treibhaus aussah. Es bestand aus großen Glasscheiben, die mit einer Flüssigkeit in allen Regenbogenfarben gefüllt waren.

Wir gingen durch das Glas und gleichzeitig auch durch alle Farben der Flüssigkeit hindurch. Diese Farben waren materiell und fühlten sich wie Nebel an der Meeresküste an. Sie setzten uns beim Betreten des Raumes einen leichten Widerstand entgegen.

Im Innern waren vier Reihen herrlicher Blumen mit langen Stengeln und kelchförmigen Blütenblättern, die wie Seide aussahen. Sie hatten alle nur erdenklichen Farben, und auf jeder von ihnen waren Tropfen eines bernsteinfarbenen Taus.

Unter diesen Blumen waren Geistwesen in silbernen Gewändern. Dies waren keine Lichtwesen. Ich kann sie am besten als strahlende Erdenbewohner beschreiben. Sie bewegten sich in den Blumenzeilen auf und ab und sandten eine Art Kraft aus, durch die die Blüten in noch leuchtenderen Farben erstrahlten. Diese Farben traten aus den Blütenblättern aus und strahlten durch die Glasscheiben, die einen Regenbogen von Farben zurückwarfen. Es war ein Effekt wie in einem Raum, der von zehntausend Prismen umgeben ist.

Diese Umgebung wirkte außerordentlich entspannend. Die Farben und die Umgebung lösten zusammen mit der summenden Schwingung des Lichtwesens Streß auf. Ich erinnere mich, daß ich dachte: *Hier bin ich, tot oder sterbend, und ich fühle mich wohl.*

Das Lichtwesen kam zu mir. »Diese Empfindung sollst du in den Zentren erzeugen«, sagte es. »Indem du Energien und Töne in den Zentren erzeugst, kannst du es erreichen, daß sich Menschen genauso fühlen, wie du dich jetzt fühlst.«

Dann nahm ich den Duft der Blüten wahr. Während ich das Aroma einatmete, hörte ich ein Rezitieren, das im Gebäude widerhallte.

A-L-L-A-H-O-M, klang es, A-L-L-A-H-O-M.

Dieses Rezitieren sensibilisierte mich für meine Umgebung, und ich begann den Duft tief einzusaugen und alles mit einer solchen Intensität wahrzunehmen, wie wenn ich in den mich umgebenden Eindrücken baden würde. A-L-L-A-H-O-M, A-L-L-A-H-O-M, klang es, und ich tauchte immer mehr in meine Umgebung ein. Dabei begann ich ebenso schnell zu schwingen wie alles um mich. Ich wurde eins mit meiner Umgebung und konnte alles gleichzeitig erleben, ebenso wie meine Umgebung mich vollständig wahrnahm.

Während ich in diese himmlische Welt eintauchte, tauchte sie auch in mich ein. Es existierte eine Gleichwertigkeit der Erfahrungen. Ich *empfing* nicht nur himmlische Erfahrungen, sondern ich *gab* sie auch. Als ich mit diesem Ort verschmolz, den ich das Himmelreich nenne, verschmolz es auch mit derselben Hochachtung, demselben Mut, denselben Hoffnungen und Träumen mit mir. Ich war all den Dingen dort gleich. Ich erkannte, daß wahre Liebe und Verständnis uns alle gleich macht. Der Himmel ist ein solcher Ort.

Ich wäre gerne dort geblieben. Ich hatte den himmlischen Duft gekostet und mich selbst in der Essenz aller Dinge erlebt. Was wollte ich mehr?

Ich sah das Lichtwesen an, das zweifellos wußte, was ich

dachte. »Nein, du bleibst diesmal noch nicht«, sagte es mir telepathisch. »Du mußt wieder zurück.«
Ich lehnte mich nicht auf. Ich sah mich um und prägte mir ein Bild ein, das nie mehr aus meinem Gedächtnis weichen wird. Der Raum war von Farben durchflutet, die aus den mit Flüssigkeit gefüllten Scheiben ausstrahlten. In der Ferne sah ich zackige Berge, die genauso schön waren wie die Schweizer Alpen. Das Rezitieren, das durch den Raum klang, war so schön wie eine Symphonie. Ich schloß die Augen und badete meine Ohren in dem Klang. Der Duft war in wunderbarer Weise überwältigend. Ich atmete tief ein... und war wieder in meinem Körper.
Diesmal kam ich durch keinen Übergangsbereich, und der Wechsel war sehr plötzlich. Es war, wie wenn man in einem Märchenschloß ist und sich einen Lidschlag später in einer Garage befindet.
Ich sah mich in dem Raum um und sah andere Menschen, die mit taubenblauen Laken zugedeckt waren. In dem Raum war es sehr hell, und alle hatten Schläuche in ihren Körpern, die mit Beuteln oder Maschinen verbunden waren. Ich bemerkte, daß auch in meinem Hals Schläuche und Nadeln in meinen Armen steckten, und ich hatte das Gefühl, wie wenn mein Kopf mit Blei gefüllt wäre und ein Elefant auf meiner Brust säße. Dazu war es bitterkalt. Lieber Himmel, dachte ich, es geht mir schlechter als vor der Operation.
»Wo bin ich?« fragte ich eine Schwester.
»Sie sind im Aufwachraum«, sagte sie.
Ich schloß die Augen. An die nächsten achtzehn Stunden erinnere ich mich nicht mehr.

Im Aufwachraum geschah etwas, dessen ich mir nicht bewußt war. Franklyn erzählte mir diese Geschichte, und der Arzt bestätigte sie.

Kurz nach der Operation bemerkte einer der Chirurgen, daß an einem der Schläuche Blut aus meinem Körper sickerte. Er beobachtete dies eine Weile und rief dann einen anderen Arzt hinzu. Sie kamen zu dem Schluß, daß sie in den OP zurück und die Blutung operativ stillen müßten.

Franklyn stand dabei. Als sie hörte, daß die Ärzte nochmals operieren wollten, ging sie zu ihnen und kniete an meinem Kopf nieder. »Dannion, der Arzt sagt, daß du blutest und daß sie dich nochmals aufschneiden müssen, um die Blutung zu stoppen. Du kannst die Blutung selbst stoppen, Dannion, ich weiß, daß du es kannst. Versuche, die Blutung zu stoppen, Dannion.«

Die Ärzte standen einige Zeit dabei und sahen zu. Innerhalb weniger Minuten hörte die Blutung auf. Dann blickten sie einander an, erzählte mir Franklyn, und gingen wortlos hinaus.

Innerhalb weniger Tage hatte ich mich so weit erholt, daß ich mich aus dem Bett schleichen und eine Dusche nehmen konnte. Einige Tage später konnte ich Straßenkleider anziehen und heimlich in die Krankenhauskantine gehen, wo ich mir eine gute Mahlzeit gönnte.

Als ich dort bei gebratenem Huhn saß, kam der Operationsassistent herein, der auf meinen Tod gewettet hatte, und setzte sich an den Tisch neben mir. Ich stellte mich vor und sagte ihm, was ich gesehen und gehört hatte, als sie sich auf meine Herzoperation vorbereiteten.

Er geriet ziemlich aus der Fassung und entschuldigte sich sogar für diese Wette, während ich noch »wach« war. »Ist schon gut«, sagte ich zu ihm. »Irgendwie wünsche ich, Sie hätten die Wette gewonnen.«

15
Es muss weitergehen

Durch die Herzoperation wurde ich körperlich nicht völlig wiederhergestellt. Nach einigen Wochen wurde ich aus dem Krankenhaus entlassen, aber ich kam in vielerlei Hinsicht vom Regen in die Traufe. Manchmal werde ich ohnmächtig bei geringster Anstrengung. Ich laufe oft blau an und muß mich mitten im Restaurant oder in Kaufhäusern hinlegen, weil mein Herz nicht so pumpt, wie es sollte. Eine Zeitlang konnte ich mich darauf verlassen, daß ich mindestens zweimal die Woche ohnmächtig wurde. Schließlich lernte ich, die Vorzeichen zu erkennen, so daß ich mich setzen konnte, bevor ich umfiel. Dies ersparte mir viele blaue Flecken, aber ich werde immer noch etwa einmal im Monat ohnmächtig.

Einige Medikamente machten mich äußerst anfällig für Infektionen, und die hohen Dosen blutverdünnender Mittel, die ich einnehmen mußte, führten dazu, daß bei jeder kleinen Verletzung starke Blutungen entstehen.

Im Sommer 1993 schnitt ich mich in den Finger und zog mir eine Staphylokokkeninfektion zu, die mich fast einen Monat ans Bett fesselte. Trotz der massiven Dosen intravenöser Antibiotika wäre es fast zu einem septischen Schock gekommen. Tagelang wollte ich sterben, weniger, um wieder an den himmlischen Ort zu gelangen, sondern weil die körperlichen Schmerzen so stark waren, daß ich sie kaum ertragen konnte.

Durch all diese Leiden hindurch hielten mich die Visionen aufrecht. Ich »besuche« den himmlischen Unterricht nicht mehr, in dem mich die Lichtwesen im Bau der Zentren unterwiesen, aber ich habe das Gelernte gut behalten und werde wohl demnächst das erste Zentrum fertiggestellt haben.

1991 habe ich das Bett fertiggestellt, das das wichtigste Element dieser Streßabbauzentren ist. Ich installierte es in Dr. Raymond Moodys Klinik in einer ländlichen Gegend von Alabama. Er hatte soeben mit der Untersuchung »unterstützter Erscheinungen« begonnen, einem Verfahren, durch das Trauernde visionäre Begegnungen mit verstorbenen Angehörigen haben können. Um in den für solche Begegnungen notwendigen Zustand eintreten zu können, muß der Patient völlig entspannt sein. Nachdem Raymond das Bett selbst ausprobiert hatte, kam er zu dem Schluß, daß es eine hervorragende Möglichkeit zur raschen Entspannung seiner Patienten bot.

Wir benutzten das Bett bei vielen Patienten, und die Ergebnisse gingen oft weit über bloße Entspannung hinaus. Viele Patienten berichteten von aufregenden veränderten Bewußtseinszuständen. Manche sahen kaleidoskopartige Farbvisionen, und andere fühlten sich so entspannt, daß sie, wie ein Patient sagte, sich wie »implodiert« fühlten. Der häufigste veränderte Bewußtseinszustand, von dem berichtet wurde, waren außerkörperliche Erfahrungen.

Nachdem ich das Bett unter klinischen Bedingungen prüfen konnte, konzentriere ich mich jetzt auf den Bau der

Zentren. Das erste dieser Zentren soll in South Carolina entstehen. Es soll vor allem Todkranken helfen, dem Tod gelassen entgegenzusehen.
Siebzig Cents jedes Dollars, der in Amerika im Gesundheitswesen ausgegeben wird, werden in den letzten sechs Monaten des Lebens eines Patienten ausgegeben, um sein Leben um durchschnittlich zwei Wochen zu verlängern. Dies sind die furchtbarsten Tage im Leben eines Menschen und sicherlich die schwierigsten für seine Angehörigen.
Ich glaube, daß man einen schmerzhaften Tod möglichst vermeiden sollte. Ich plädiere nicht für Selbstmord, sondern einfach für Vernunft. Eine unnötige Verlängerung des Lebens weckt falsche Hoffnungen und macht es den Menschen unmöglich, einen problemarmen und spirituellen Übergang zu vollziehen. Eine so erzwungene Lebensverlängerung ist auch für die Angehörigen schrecklich, die all ihre Finanzen und Spiritualität darauf konzentrieren, einen geliebten Menschen nur wenige Tage länger am Leben zu halten.
Weil ich zweimal gestorben bin, weiß ich, daß die Welt, die uns im Jenseits erwartet, einem Todkranken sehr viel zu bieten hat. Deshalb wird dieses erste Zentrum ein Hospiz sein, das dem Sterbenden hilft, den Übergang zu vollziehen, und der Familie, mit dem Verlust fertig zu werden. Dieses Zentrum soll ein Ort der Fröhlichkeit und tiefen Entspannung sein, ein Ort, an dem Menschen ihren Geist heilen und ihren Glauben an Gott kräftigen können.
Ich werde immer wieder gefragt, warum ich so viel Energie in diese Zentren stecke. Meine Antwort lautet: »Dreizehn Lichtwesen sagten mir, daß ich diese Zentren

bauen soll. Sie gaben mir den Auftrag hierzu. Sie fragten nicht, ob ich Lust hätte, sie zu bauen; sie sagten mir einfach, daß dies meine Aufgabe sei. Wenn ich hinübergehe, will ich immer bei ihnen bleiben. Weil ich dies weiß, will ich es auch durchziehen.«

In den letzten Jahren habe ich auf der ganzen Welt Millionen von Menschen über meine Nah-Todeserfahrungen berichtet. Auf Einladung von Boris Jelzin trat ich zusammen mit Dr. Moody im russischen Fernsehen auf und sprach allein in diesem Land zu Millionen von Menschen über meine Erfahrungen und Visionen. Ich konnte sogar über meinen Glauben an einen »spirituellen Kapitalismus« sprechen, meine Überzeugung, daß alle Menschen die Freiheit haben sollten, derjenigen Religion anzuhängen, die ihnen richtig erscheint. Es gibt viele Wege zur Aufrichtigkeit, sagte ich, und dies ist eine frohe Botschaft für uns alle, weil sich keine zwei Menschen auf demselben Weg befinden, soweit ich sehen kann.

Ich weiß, daß der Weg, auf dem ich mich befinde, ein einmaliger Weg ist. Dies sagen mir viele Menschen, denen ich begegne.

Nachdem ich einmal einer kirchlichen Gruppe von meinem Leben erzählt hatte, kam eine Frau mit einem irritierten Gesichtsausdruck zu mir. Sie hätte viele Menschen über Gott sprechen hören, sagte sie, aber noch niemals jemanden wie mich.

»Ich wette, daß Sie trinken«, sagte sie.

»Ich muß Ihnen recht geben...«

»Und Sie sind auch hinter den Frauen her, nicht wahr?«

»Ja, in der Tat.«

»Dann will ich Ihnen etwas sagen, Mr. Brinkley«, sagte sie und

musterte mich mit einem bösen Blick. »Als Gott nach Propheten Ausschau hielt, muß er besonders tief in den Bodensatz gegriffen haben, um Sie herauszuholen.«

Ich konnte ihr nur recht geben. Ich brauche nur in einen Spiegel zu blicken und den Menschen ansehen, zu dem ich geworden bin, um von ungläubigem Staunen über all die Geschehnisse erfüllt zu sein.
Warum gerade ich? frage ich mich oft. Warum sind gerade mir diese Dinge zugestoßen? Ich habe niemals darum gebeten, daß mir dies geschehen sollte. Ich habe niemals den Herrgott auf Knien gebeten, mein Leben zu ändern. Warum gerade ich?
Ich weiß hierauf keine Antwort. Und doch lese ich manchmal, um mich zu trösten, Korinther 1, insbesondere Kapitel 14, das einige der beeindruckendsten Stellen der Bibel enthält. In diesem Kapitel befinden sich zwei Verse (1. Korinther 14, 2 und 3), die mich aufrichten:

»Denn wer in Zungen redet, redet nicht zu Menschen, sondern zu Gott. Keiner versteht ihn: Im Geist redet er geheimnisvolle Dinge.
Wer aber prophetisch redet, redet zu Menschen: Er baut auf, ermutigt, spendet Trost.«

Ich weiß nicht, warum ich dazu erwählt wurde, zu tun, was ich tue. Ich weiß nur, daß meine Arbeit weitergehen muß.